Friedrich Teutsch

Bischof D. Georg Daniel Teutsch

Friedrich Teutsch

Bischof D. Georg Daniel Teutsch

ISBN/EAN: 9783743336063

Hergestellt in Europa, USA, Kanada, Australien, Japan

Cover: Foto ©ninafisch / pixelio.de

Friedrich Teutsch

Bischof D. Georg Daniel Teutsch

Bischof
D. Georg Daniel Teutsch

von

Dr. Friedrich Teutsch.

Herausgegeben
vom
Ausschuße des Vereins für siebenbürgische Landeskunde.

Hermannstadt.
Druck und Verlag von W. Krafft.
1894.

Bischof
D. Georg Daniel Teutsch

von

Dr. Friedrich Teutsch.

Herausgegeben
vom
Ausschuße des Vereins für siebenbürgische Landeskunde.

Hermannstadt.
Druck und Verlag von W. Krafft.
1894.

1.

Georg Daniel Teutsch ist am 12. Dezember 1817 in Schäßburg geboren. Sein Vater, Martin Teutsch, war Seifensieder, wie dessen Vater und Großvater gewesen war, „sein Angesicht voll herzgewinnender Freundlichkeit, sein ganzes Wesen hilfreich, wohlwollend und darum hatte ihn jedermann gern. In der Schule hatte er brav gelernt, war eine Zeit lang Chlamydat gewesen, alles Wissenswürdige machte ihm Freude; er las fortwährend gern lehrreiche Bücher. In der Kommunität, deren Mitglied er war, füllte er seinen Platz aus." So schildert der Sohn, selbst ein Fünfzigjähriger, den längstverstorbenen Vater, nicht ohne hinzuzufügen: „Ich bin mit durch ihn und an ihm geworden, was ich bin. Gott segne seinen Staub noch!" Die Mutter Katharina geb. Weiß war eine unermüdlich thätige Frau, von klugem Verstand, unverdrossen für die Ihrigen schaffend und um sie sorgend, heiter und wohlwollend, sie galt in der Familie als die feine und niedliche. Bei Fleiß und Anstrengung gewährte das Handwerk ein bescheidenes Auskommen, Anspruchslosigkeit gehörte damals zum Grundzug des sächsischen Bürgerhauses. Im alten Haus in der Baiergasse, in das der Schulberg mit Schule und Kirche hineinsah, wohnten, aßen, schliefen in dem damals einzigen Zimmer gegen die Gasse der Vater, die Frau, die 2 Kinder und ein fremder Kostschüler und bei Soldateneinquartierung der fremde Soldat, dort machte man die Kerzen und trocknete die Seife. In einem tiefer gelegenen Hofzimmer wohnte die Großmutter (des Vaters Mutter), eine kleine Frau von stattlichem Ansehn, streng, genau, pünktlich, die eine arme Pfarrerstochter (Schönauer) aus Zuckmanteln in langem Witwenstand vom Geschäft des Mannes lebte, das sie weiter trieb, eine ungewöhnlich gescheite Frau, zu der der Enkel gern hinunterging, sie hatte weißeres Brot als die Mutter und bessere Kost. Hier versammelte sich an Festtagen auch die weitere Familie, es kam wohl vor, daß in beiden Haushaltungen zusammen nicht soviele Stühle waren, daß alle sitzen konnten; dann legte man ein Bügelbrett auf zwei hölzerne Stühle und schaffte Sitzplätze. Die Kinder halfen mit bei der Ordnung im Haus, allsonnabendlich kehrten der Bruder und die Schwester den Hof, mit großem Eifer und Lust am Säubern.

Noch vor dem vollendeten 5. Jahr, also schon 1822, wurde der Junge in die Schule geschickt. Weil ein älterer Vetter allein nicht gehen

— 4 —

wollte, sollte er ihm Gesellschaft leisten. Es gab in Schäßburg noch keine Elementarschule, die „Schülleraner", wie sie hießen, gingen zu Seminaristen in die Privatstunde, die in den Wohnzimmern auf der Schule gehalten wurde. Sein erster Lehrer war Michael Schuller, der später als Pfarrer in Kreisch 1849 ein trauriges Ende fand, sein zweiter Martin Keul, der später in dem Staatsdienst sich eine schöne Stellung geschaffen hat. Es war eben die Lautiermethode aufgekommen, in allen Zimmern hingen die großen Wandtafeln mit den Buchstaben. Der Knabe lernte leicht lesen und schreiben; den am heißen Nachmittag schläfrig gewordnen legte der gute Seminarist „nen do schass", wie man das Bett im Kasten nannte, die unterste Schublade, in der jener selbst schlief und dort schlummerte dieser, bis er aufwachend den Lehrer sah, in der einen Hand die saure Gurke, in der andern den Homer, — Keul konnte auch gut griechisch — Körper und Geist zugleich erfrischend. Zu Hause lehrte der Vater den Knaben schreiben und rechnen, noch blieb viel Zeit für Hof und Garten, für Haus und Gasse, im Sommer für die Kokel, wo die Jungen auf den Flößen sich tummelten und wiederholt am Tag in die gelben Wasser sprangen. Aber bei aller frohen Kindeslust hat es früh auf den Knaben tiefen Eindruck gemacht, zu sehn, welche Sorgen und Mühen mit dem Leben verbunden waren. Wenn er am frühen Wintermorgen hörte, wie die Eltern, die ihn schlafend meinten, die Einnahmen und Ausgaben erwogen oder die Großmutter aus ihrem langen Witwenstand erzählte, in dem ihr doch Gottes Hülfe nah gewesen, dann weinte er, weichen Herzens und gelobte im stillen, den Eltern für so viele Mühe, so viele Treue einst den Dank abzutragen. Und die Dankbarkeit gegen alle Diejenigen, die ihm Gutes gethan, ist nie aus seiner Seele gewichen. Stunden voll glücklichen Behagens waren es, wenn abends das Zimmer der Großmutter ihn aufnahm; dort entdeckte er Hübners zweimal 52 biblische Historien und las sie mit unendlicher Freude, wobei die alttestamentlichen Geschichten ihn viel mehr ergriffen als die neutestamentlichen und die Großmutter hin und wieder gefragt Erklärungen gab. Von den Lehrern im Gymnasium hat Wilh. Seiverth, vor allem aber Johann Binder auf ihn Einfluß genommen, dann Michael Schuller und Carl Gooß. Mit dem letztern insbesonders, der seines Lehrers, des spätern Bischofs Binder, Traditionen fortsetzte, war der lebendige Hauch der deutschen Wissenschaft in die Schule mächtig eingezogen, seine gewaltige Persönlichkeit voll Geist und mit der Macht der Rede wunderbar begabt, war wie kaum ein Anderer geeignet, das warme Herz der Schüler zu fesseln und zur Höhe zu führen. Wie er an sich den strengsten Maßstab legte, so verlangte er auch von Andern das Höchste. Er hat mit G. P. Binder der Schäßburger Schule den Charakter des Ernstes aufgeprägt, den Teutsch später weitergebildet hat, wie sein Bild im Wesen auch dieses Schülers nicht zu verkennen ist. Schullers und Gooß' historische Vorträge entzündeten den Funken im Jüngling, der erst mit seinem letzten Atemzug verglommen ist.

Und doch, die Berufswahl war nicht ganz leicht. Die Eltern rechneten auf ein Handwerk, aber der karge Erwerb des eignen ließ die

Wahl dieses nicht rätlich erscheinen, auch der Knabe hatte keine Neigung dazu, ihn zog es zu den Büchern, von denen einst die Großmutter ihn mahnend zur Mithülfe am Handwerk rief: „Du sollst ja nicht Bischof werden." Wenns ein Handwerk sein mußte, hätte er sich für die Keßlerei entschieden, die ein Oheim trieb, aber das wollten die Eltern nicht, da sie für ungesund galt. Vom Soldatenstand, für den ein Bruder der Großmutter — Schönauer —, der selbst Soldat gewesen und den letzten Türkenkrieg am Ende des vorigen Jahrhunderts mitgemacht, wirkliche Lust in ihm geweckt hatte, wollte Niemand außer ihm etwas wissen; eine Vorliebe dafür ist ihm selbst geblieben und er konnte öfter lachend sagen: ich hätte einen guten Generalen gegeben! Der Rat der Lehrer entschied endlich für das Studium und als das entschieden war, war kein Zweifel mehr, daß es nur Theologie sein könne, das Lehramt mit Geschichte und Philologie. Der 13-jährige Knabe hatte schon ein Tagebuch angefangen, es liest sich wie eine alte Chronik, aber die Aufzeichnungen sind charakteristisch, sie enthalten nur Thatsachen, kein Gerede, kein unreifes Beiwerk:

1830. Am Tage Petri und Pauli erschlug der Blitz in Trappold Frau Neustädterin und Frau Meltzerin.

Den 18. Juli ertrank ein Schlossergesell.

Am 11. September schwoll die Kokel ... an u. s. f.

Im regenreichen Sommer 1837 bestand Teutsch die Maturitätsprüfung, „den 8. August reise ich auf Wien. Herr erhalte die Meinigen gesund," so schließt der Abiturient sein kurzes Tagebuch jener Jahre. Der gereifte Mann aber schildert später seinem Sohn die folgende Zeit also: „Das war eine lange Reise; 10 Tage dauerte die Fahrt mit dem Schäßburger Kaufmann Wagner bis Pest; von dort brachte mich das — freudig angestaunte Dampfschiff hieher. Die frohen Erwartungen, die ich an die Universitätszeit geknüpft, zerrannen aber bald in schmerzlicher Enttäuschung, denn die Lehranstalt war gar schwach und entsprach den Hoffnungen, mit welchen ich, getragen von aufstrebenden, durch treffliche Lehrer in Schäßburg genährten Ideen, zur Hochschule in freudiger Lernlust gekommen, nicht im mindesten. Für Philologie und Geschichte, Fächer, an welchen ich voll reiner Jugendglut hing, war gar nichts zu thun. Das ist der erste schwere Schmerz gewesen, der herbe in mein Leben hineingriff; es gab lange bange Wochen, in welchen ich mühsam nach Fassung rang und nach Kraft, auch an jener schwachen Anstalt etwas zu lernen. Am Ende aber konnte ich doch nicht anders, als die Eltern bitten, mir zu erlauben, daß ich nach Berlin, an die damals allein erlaubte deutsche Universität, ziehe.

„Ich that das erst nach vielem bittern Seelenkampf. Denn mein Vater, dein Großvater, war, wie Du weißt, Seifensieder, wie sein Vater und Großvater gewesen und sein Vermögen, wenn es ihm auch bei Fleiß und Anstrengung ein bescheidenes Auskommen gewährte, doch nicht derart, daß ihm die Bestreitung von Universitätsstudien in Berlin, die dort mindestens noch einmal so viel kosteten als in Wien, ein leichtes gewesen wäre. Und weil ich wußte, wie schwer das den Eltern werde, wurde es mir so schwer, die Bitte darum zu stellen. Als ich es aber doch, wie ich nicht anders konnte, gethan, war meine Freude um so größer, da endlich des Vaters Einwilligung kam und ich zum Wintersemester 1838 nach Berlin gehen konnte. Mit welcher Gewalt ergriff mich da das wissenschaftliche Leben an der, damals in schönster Blüte stehenden trefflichen, mit allen Wissensschätzen reich ausgestatteten Universität! Mit welchem Eifer besuchte ich die Kollegien, namentlich Geschichte bei Ranke, Geographie bei Ritter! Das war ein Geistesleben im stillen Studentenstübchen unter den von der Bibliothek gebrachten, bis dahin nur dem Namen nach gekannten Büchern! Schöne Zeit der Jugendbegeisterung!

„Aber auch sie, mein liebes Kind, brachte eine dunkle, dunkle Wolke. Ich zog im Oktober 1838 von Wien fort und bekam in Berlin lange, lange keine Nachricht von Hause. Endlich kam ein Brief, aber nicht von des Vaters Hand; Onkel Friedrich Weiß hatte ihn geschrieben; er teilte mir mit, der Vater sei krank, doch hoffe man Besserung. Ach, welche schwere Wochen entsetzlichster Ungewißheit brachen da an, bis ich endlich, erst im Dezember, die ganze volle Schmerzenskunde erfuhr, der treue Vater sei nach dem Herbste nach Hermannstadt gefahren, um Unschlitt für sein Gewerbe zu kaufen, dort an den Folgen eines Bruches, den er hatte, erkrankt und — gestorben. Es war den 31. Oktober gewesen: auf dem Friedhofe dort liegt er begraben; wenn wir hinüber gezogen, will ich Dich zur Stätte führen. Wie lebt sein Bild noch vor meiner Seele! Er war kleiner als ich, sein Angesicht stets der Ausdruck herzgewinnender Freundlichkeit. Sein ganzes Wesen war hilfreich.... Ich erinnere mich lebhaft, wie er mich, wie ich als „Schülleraner" aus der Schule kam, daheim im Schreiben und Rechnen unterrichtete. Ich bin mit durch ihn und an ihm geworden was ich bin. Gott segne seinen Staub noch! Sprechen aber über das, was ich Dir vom Vater geschrieben, kann ich nicht; die Thränen würden das zweite Wort ersticken. Ich kann über teuere Entschlafene, die mir so nahe gestanden, mit niemandem als mit mir selbst reden.

„.. Siehe aber, auch dieser schwere Schlag zeigte, daß Gottes Hilfe immer nahe ist. Wie meine arme Mutter zagte und weinte, woher sie nun den fernen Sohn in so kurzer Zeit mit so vielem Gelde unterstützen solle, trugen ihr unaufgefordert der damalige Herr Stadtpfarrer Müller, Herr Bürgermeister Köhler, Herr Doktor Roth Geld an und streckten vor, was ich brauchte. Wir haben es den edeln Menschen später mit großem Danke zurückgezahlt — und diese dankbare Gesinnung wird in mir nie erlöschen."

Solcher Ernst des Lebens festigte den Charakter, „der äußere Schmerz muß durch der Seele Kräfte bezwungen werden", und er bezwang ihn! Der Sommer 1839 führte den Jüngling, der dabei einen guten Teil Deutschlands voll Erhebung kennen lernte, über Wittenberg — Coburg zurück in die Heimat, nicht ohne in Wien zu überlegen, ob er nicht dort eine Hauslehrerstelle annehmen solle. Im Oktober 1839 betraten sie den Boden des Vaterlandes wieder, wunderbar bewegt, unter dem frohen Sange „Stimmt an mit hellem hohem Klang", und begrüßten die Heimat mit Pistolenschüssen; in Hermannstadt galt der erste Gang dem Grab des Vaters, am 19. Oktober traf er wieder in Schäßburg ein, wo die verwitwete Mutter das Geschäft des Gatten weiter trieb.

Nun kam für den Winter neues Leben in das Haus, er war vor allem eingehenden Studien der vaterländischen Geschichte gewidmet. Auf der Schule schon hatten sie arbeiten gelernt, der erstaunliche Fleiß hat Teutsch durch sein ganzes Leben begleitet. Er begann mit Eder und Schlözer, eine Geschichte der Sachsen schwebte ihm vom Anfang an vor — die Jugend greift ja gern nach den höchsten Kränzen — das „Erste Heft" wurde im Dezember 1839 angelegt unter dem Titel: „Werke zu einer Geschichte der Sachsen in Siebenbürgen", und die grauen Mauern und Türme der alten Schäßburg fingen an, anders zu ihm zu sprechen als früher. Da im Augenblick in der Vaterstadt keine Stelle frei war, trat er eine Hauslehrerstelle in einem wohlhabenden Bürgerhaus in Karlsburg an, bei Megay, die ihm von besonderm Wert wurde, nicht nur, weil er neue tüchtige Menschen kennen lernte, sondern auch weil der Aufenthalt dort ihm die reichen Schätze der Batthyanischen Bibliothek erschloß. Es war eine Fortsetzung der Universitätsstudien nun auf dem Gebiet der vaterländischen Geschichte, die spätern Arbeiten sind nicht zu denken ohne diese. „Wer das frühere Leben unsers Vaterlandes — schreibt er von dort —, namentlich unsers Volkes Vergangenheit will kennen lernen, der kann nicht, wie die glücklichern Brüder in Deutschland nach schon fertigen Werken greifen, in denen seine Wißbegierde reiche Nahrung fände ... Es bleibt da nichts übrig als zu den Quellen zurückzugehn, die für die älteste Geschichte bloß in Urkunden bestehen." In der Batthyanischen Bibliothek wurde ihm ein Lesezimmer hergerichtet, „ich werde nicht durch viele Gesellschaft gestört, denn bis jetzt bin ich noch immer allein drin gewesen." Daneben entzückte ihn die Umgebung der Stadt, der Sinn für die Natur war ihm ein gar freundlicher Begleiter, der Fernblick von den Wällen der Festung, das Rosengebüsch waren ihm liebe Freunde wie der Kirschbaum vor dem Fenster, „dessen rote Früchte gar lustig herabsehn und in mir doch bisweilen eine Sehnsucht nach den Schäßburger Kirschgärten erregen ... Ich besuche indeß die hiesige Bibliothek und ergötze meine Augen statt an roten Kirschen an schwarzen Buchstaben." Die Vielseitigkeit seiner Natur erlaubte ihm auch die geselligen Freuden zu genießen, — er hat noch als Rektor in Schäßburg gern getanzt, — für den verreisten Pfarrer zu predigen, mit den fernen Lieben den schriftlichen Verkehr zu pflegen, für die Mutter besorgt, daß sie sich nichts möge abgehen lassen. Aber wenn er dann sich umgesehen hatte, wie die neuen Gußformen für das Handwerk zu schaffen seien oder dem Vetter meldete, daß die Kalbfelle alle verkauft seien, um die dieser ihn nachzusehn gebeten hatte, dann fand er immer neue Freude an den historischen Studien. Die Gegenwart belebte sich dem jungen Historiker mit den alten Gestalten: „Wenn ich an schönen Sommerabenden um die Festung lustwandle, sehe ich im Geist die alten Zeiten, höre die Stimme unserer Altvordern auf dem Landtage in der „Weißenburg" oder sehe wie ein Teil derselben, nicht einmal ein Jahrhundert noch im Lande gegen unmäßige bischöfliche Besteuerung sich erhebt, über die bischöflichen Besitzungen und die hiesige Kirche herfällt und mit Feuer und Schwert also wüstet, daß nach vielen Jahren noch Bischof und Kapitel über die Wut und Wildheit des sächsischen Volkes klagen... Wie sehr wünsche ich in solchen Stunden einen meiner Freunde, dich vor allen an meine Seite, um in trauter Rede und Gegenrede mit dir zu sprechen von unsers Volkes alter Herrlichkeit..."

Am 7. April 1842 vertauschte Teutsch das Megayische Haus — „nach schwerem Abschied" — mit dem Haus des Provinzialkommissärs von Bartschai, einem Brukenthalischen Schwiegersohn, wo er den 6-jährigen Jungen im Lesen und Schreiben zu unterrichten hatte. In Sohymos (bei Deva) auf dem Landgut hoffte er, wie er scherzte, einen Vorgeschmack vom künftigen Pfarrhof zu bekommen und hatte die Freude, die Schätze der Brukenthalischen Bibliothek zu erhalten und benützen zu können. Von den „humanen und sehr freundlichen Eltern" des Zöglings wurde auch sonst der Aufenthalt ihm angenehm gemacht, aber er war des ABC-Lehrens doch bald müd. Die erste Generalversammlung des Landeskundevereins führte ben, für die Geschichte seines Landes begeisterten Kandidaten in seine Vaterstadt, ein Hauch jener Begeisterung, die die erste Versammlung des Vereins erhob und umwebt, ist in ihm immer lebendig geblieben und er konnte sie aus den Tiefen seines Herzens gerade bei dieser Gelegenheit auch später immer wieder auch in Andern erwecken. „Ja, das sächsische Leben hatte einen Teil der dasselbe beengenden Fesseln gesprengt, einen neuen edeln Inhalt, das stärkende Gefühl erhebendster Gemeinsamkeit gefunden und wurde sich dessen in frischer fröhlicher Arbeit auf dem Felde der Wissenschaft bewußt und sein herzlich froh."

Mit solchen erhebenden Empfindungen, daß man am Anfang einer neuen großen Zeit stehe, die Großes auch vom Einzelnen verlange, trat Teutsch im selben Sommer (1842) als Lehrer in die Schäßburger Schule ein, nachdem ihn am 10. Juli das Lokalkonsistorium als 3. Lektor angestellt, mit 56 Gulden Gehalt, und am 30. September zum 1. Lektor (Gehalt 101 fl.) vorrücken ließ. An jenem Tag bestand das Kollegium aus dem Rektor C. Gooß, dem Konrektor Mich. Ab. Schuster, D. Göbbel, Lehrer der Realklasse (und Bergprediger), Georg Binder, Dan. Gottschling, Teutsch und J. Weiß. Der Dienst des 3. Lektors versahen die schon angestellten Lehrer. Am 3. und 4. Januar verteidigten die drei letzten ihre Dissertation vor dem Konsistorium, das ihre ehrenvolle Tüchtigkeit anerkannte und die definitive Anstellung aussprach.

In seinen historischen Arbeiten, auf die er sich mit Ernst warf, faßte Teutsch von vorneherein eine selbständige Geschichte der Siebenbürger Sachsen ins Auge. Die Einzeluntersuchungen sollten zuletzt der Gesamtdarstellung dienen. So steht gleich am Anfang der historischen Arbeiten sein „Abriß der Geschichte Siebenbürgens", der 1844 als Anhang zu Georg Binders: Übersicht der gesamten Erdkunde erschien. Die äußerlich unscheinbare Arbeit — auf 38 S. — geht bis 1805 und enthält in knappster Form unsre erste wissenschaftliche zusammenhängende Geschichte Siebenbürgens. Es ist für alle spätern Arbeiten von Bedeutung geblieben, daß hier der Rahmen geboten war, in den sie sich eingliederten, der Hintergrund, von dem sie sich abhoben. Keine Quellenbelege, aber alles auf tiefsten Quellenstudien beruhend, nicht nur die äußern Ereignisse sondern auch die innere Entwickelung berücksichtigend, jede Zeit wird an sich selbst gemessen und aus ihr das Verständnis für ihre Ziele und Irrtümer gesucht, aber daneben klingt doch auch immer der Gedanke durch, der aus Zschokke als Motto dem Schriftchen vorgesetzt ist: „Die Geschichte verflossener Zeiten ist ein Baum der Erkenntnis des Guten und Bösen". Der erhellende Lichtstrahl der Vergangenheit soll für das Leben der Gegenwart nicht verloren gehn. Die Menschen sollen aus der Geschichte etwas lernen. Wer erkennt nicht denselben Ton, der später aus der Sachsengeschichte hervorklingt? Was für einen Fortschritt auch in der Form das Büchlein bedeutete, mag man ermessen, wenn man damit die „Geschichte von Siebenbürgen" vergleicht, die 1784 „in Abendunterhaltungen vors Volk" erschien und auf 416 S. glücklich bis zur Gründung des ungarischen Reiches kam!

In dem Kreis der Schäßburger Lehrer erschien die Geschichte als ein Mittel, die Grundsteine des Bestandes des sächsischen Volks aufs neue zu befestigen; die Erforschung und Darstellung der Vergangenheit trat in den Dienst der Volkserziehung, wurde geradezu ein Glied in der Kette der politischen Arbeit, das Wort in dem alten edeln umfassenden Sinn gebraucht.

Gerade auf diesem Gebiet ging damals die bedeutendste Umwandlung vor, die für uns die neueste Zeit heraufführt. Im Anschluß an den ungarischen Landtag von 1825 erwachte ein neues politisches Leben auch in Siebenbürgen. Das Streben des magyarischen Volkes nach nationaler Entwickelung, nach freier Selbstbestimmung wirkte zurück auch auf die andern Völkerschaften, nicht zuletzt auf Siebenbürgen und die Sachsen. Unser Volk war eingeschlummert, hatte sich eingesponnen in ein Netz von Instruktionen, Regulativpunkten, Universitätsbeschlüssen, Magistratsverordnungen, Gubernial- und Hofkanzleierlässen, hohen und höchsten Entscheidungen, ja die Mehrzahl desselben fühlte sich wohl darin! Nun empfanden die Besten die Gefahr, die darin lag, fingen an, die kleine sächsische Welt als einen Teil des größern Staatswesens zu betrachten, zu dem wir gehörten, erkannten, daß die Wellenschläge, die draußen die Welt bewegten, nicht Halt machten an unsern Grenzen, daß neue Aufgaben schwerster Art vor uns standen, die auch nur halbwegs nur dann zu lösen seien, wenn das Volk befähigt wurde, bewußt und energisch die nationale und politische Arbeit aufzunehmen. Dazu aber mußte es aus dem Schlafe aufgerüttelt werden, es mußte stärker, gemeinsinniger, gebildeter, besser gemacht werden. Der Gedanke der politischen Einheit war in der alten Stuhlsgenügsamkeit verloren gegangen, die der Kirche in der Selbstherrlichkeit der Kapitel und den Schranken der Promotionskreise. Von oben her, von den erleuchteten Geistern, die weiter als die Menge sahen, mußte der Anstoß kommen, daß es besser werde. Als Teutsch in Schäßburg angestellt wurde, waren die ersten Schritte gethan. Seit 1833 arbeitete die Transsylvania in Hermannstadt daran, Interesse für Vaterlandskunde in weitere Kreise zu tragen, seit 1837 erfolgreicher das Siebenbürger Wochenblatt in Kronstadt, das Volk für die neuen Gedanken zu gewinnen. Auf dem Gebiet des Vereinswesens konnte man froh die Wirkungen des neuen Lebens begrüßen, Spar=, Bürger=, Gewerbe=, Lesevereine sammelten die zerstreuten Kräfte, der Verein für Landeskunde einigte die Geister im Lande, Schule und Wissenschaft traten in den Dienst dieser nationalen Erziehungsarbeit und in den Herzen der Besten lebte der Gedanke, eine eigene juridische Fakultät zur Heranbildung des sächsischen Beamtennachwuchses zu gründen. Ein neues vielversprechendes Leben; Teutschs schwungvolle, begeisterungsfähige Natur war wie geschaffen zur Mitarbeit. Hier ist einer jener Punkte, wo es schwer erscheint, eignen Besitz und fremden Erwerb in der Seele des Mithandelnden zu scheiden. Vieles von dem, was nun unverlierbarer Inhalt der Zeit und jenes Geschlechts wurde, ist von dem Kreis der Männer ausgegangen, zu dem auch Teutsch gehörte, manches fanden sie vor und haben es weiter ge= bildet, insbesonders durch die Thätigkeit auch in der Presse.

Teutsch ist ein eifriger Korrespondent besonders des Wochenblatts (Kronstadt, Gött) gewesen, einer der „Jungen" der damaligen Zeit, die dem Fortschritt das Wort redeten. Es galt die freie Entwickelung der öffentlichen Meinung zu fördern, die noch stark im argen lag, eine lebensvolle freie Bewegung der Tagespresse zu gewinnen, in jenem Zeit= alter der Zensur von vielen als strafwürdiges Begehren angesehn, die Öffentlichkeit der Verwaltung gegen die Geheimniskrämerei der eigenen Bureaukratie zu erzwingen, die Landtagswahlen der alten Einschränkung auf Stuhlsangehörige zu entziehen, die Selbstergänzung der Kommuni= täten, zugleich auch die veralteten und der Nation einst aufoktroierten Regulativpunkte zu beseitigen, frische Luft in die alten Sitzungsräume einzulassen, in denen jedes Kommunitätsmitglied schwören mußte, von alle dem, was dort hinter verschlossenen Thüren vorging nichts zu ver= raten, in der Sprachenfrage Verteidigung der Rechte des eignen Volks und der deutschen Sprache. Es war ein lecker Feldzug mit scharfen doch nie unwürdigen Waffen gegen die alten Zöpfe in der eignen Mitte, die um so bedenklicher geschüttelt wurden, als ja all diese neuen Gedanken nicht im privilegierten Verstand dieses oder jenes wohlweisen Herrn ent= standen waren und nicht vom grünen Tische kamen. Auch der Spott fehlte nicht gegen Diejenigen, die das Zeitungsschreiben an und für sich als schlecht und unschicklich für den Gutgesinnten ansahen und ungeheuer empfindlich keine Kritik vertrugen. Das Volk sollte zur tiefern Erkenntnis seines Deutschtums, seiner nationalen Einheit kommen, innerlich frei und tüchtig werden, es sollte unmöglich werden das Volk „aus der Bahn freier Bewegung und frischen Lebens in die alten Mäusewinkel, in die mit Papier und Staub gefüllten verschlossenen Kammern der letzten Jahrzehnte" zurückzuführen. Wesentlichen Einfluß auf diese Arbeit Teutschs hat insbesonders auch J. A. Zimmermann geübt, der damals Professor des Rechts in Hermannstadt zweifellos der bedeutendste Kenner der Rechtsentwickelung des Landes war, der die Approbaten und Kompilaten und das Leopoldinische Diplom zuerst wieder nach ihrem tiefern Wert schätzen lehrte und das Bewußtsein der Rechtsstellung unsers Volks in seinem Kreis weckte und erzog. Die Erkenntnis, daß man in dem schweren po= litischen Kampf auch formal auf dem Boden altheiligen Rechts stehe, den man dem Volk wieder zu erobern die Pflicht habe, ist jenem Geschlecht wie eine neue Offenbarung gewesen und hat den unerschütterlichen Boden gebildet, auf dem es stand. Wie sehr diese Erkenntnis die historischen Studien fördern mußte und wie unentbehrlich diese Studien wieder für das öffentliche Leben waren, ist sofort klar.

Die Hauptarbeit Teutschs in jenen Jahren aber war doch der Schule gewidmet. Man kann sich einer stillen Rührung nicht erwehren, wenn man die Hefte und Präparationen aus den einzelnen Jahren vor sich sieht, den Fleiß bis ins kleinste, der sich keine Arbeit schenkte, der in der eignen Gewissenhaftigkeit zugleich das beste Mittel sah, sie in Andern zu erziehn. Die Strenge seines Wesens, damals ein hervorstechender Zug in seinem Charakter, übte er vor allem an sich, den Jähzorn zu überwinden arbeitete er systematisch an sich. Rührender noch ist, die Arbeit der Schule überhaupt und der Lehrer an derselben in ihrem ganzen Umfang zu würdigen. Unter den drückendsten äußern Verhältnissen, die nicht imstande sind, die Arbeitskraft zu lähmen, stehn die Lehrer da, glücklich im Reich des Idealen zu leben, Mitarbeiter an der Erziehung des Volks, Träger des Fortschritts, auch augenblicklichen Leidenschaften gegenüber überzeugt, daß die gute Sache, wenn sie von dem selbstsuchtlosen Streben tüchtiger Menschen getragen wird, zuletzt den Sieg davon tragen müsse! Gewissenhaftigkeit und Pflichttreue, ernste Lebensauffassung und Lebensführung, daneben zugleich Genußfähigkeit für das Schöne, das das Leben bietet, das eine wie das andere geadelt durch seltenen Schwung der Seele, es sind die Züge, die wir noch beim Mann und beim Greis später finden, die Niemanden unberührt ließen, der in seine Nähe trat.

Im Jahr 1845 wurde Teutsch Konrektor — nachdem Gooß das Lehramt mit dem Pfarramt vertauscht hatte — im selben Jahr gründete er sein eigenes Hauswesen durch die Heirat mit Charlotte Berwerth, doch zerstörte der Tod das reine Glück schon im nächsten Jahr. Es ist abermals ein hartes Ringen nach innerm Gleichgewicht gewesen; es ist eine leidvolle Beigabe tiefer Gemütsnaturen, daß sie solches Weh härter empfinden, schwerer tragen als Andere. Aber er kannte auch das Mittel dagegen, in starkem Gottvertrauen eine große Arbeit aufzunehmen, die mithelfen kann, „den vernichtenden Schmerz in jene stille heilige Wehmut zu verwandeln, mit der jedes gewaltige Geschick die bessere Seele erheben und verklären soll." Er begann an die Sachsengeschichte Hand anzulegen und zugleich zum Zweck des Unterrichts ausführlich ausgearbeitete Vorträge über die Geschichte Siebenbürgens niederzuschreiben; es ist vorgekommen, daß der grauende Morgen den Einsamen vor dem Schreibtisch fand, an dem er nur zu kurzem Schlummer im Stuhl zurückgelehnt, die ganze Nacht gearbeitet hatte. So war die Sachsengeschichte ein Kind doppelten Schmerzes, hier des Verfassers, der den seinen zart andeutete, dort seines Volkes, das an einem Wendepunkt seiner Entwickelung nicht weniger schmerzliche Erfahrungen machte. Im Jahr 1848 fand er einen Ersatz für die Verstorbene in der Schwester derselben, Wilhelmine Berwerth, die in frohen und trüben Stunden dem Gatten zur Seite stand, der nach 40 Jahren an die ferne Tochter in der Erinnerung an jenen Tag schrieb: „In diesem Jahr werde ich mit der Mutter den Tag (5. März) mit ganz besondern Gefühlen begrüßen; an ihm schließt das vierte Jahrzehnt seinen Ring, seit wir am Altar uns die Hand zum Bund fürs Leben reichten. Es war mir ein Gottessegen. Mir ist's, wie wenn es gestern gewesen. Ein Sonntag war's, Mittwoch darauf Aschermittwoch, den das jung vermählte Paar in frohem Freundeskreis, überall beglückwünscht, zubrachte, Alles entzückt von der Nachricht, die eben eingetroffen, daß am 24. Februar in Paris die Revolution ausgebrochen und der König die Flucht ergriffen habe. Wer mochte damals ermessen, welche Folgen sich an jenes Ereignis knüpfen sollten. Daß zwölf Monate später der junge Ehemann die Mutter mit einmonatlichem Kinde daheim ließ und ins Feld rückte, war das kleinste; die ganze Änderung der europäischen Karte hat sich daran geschlossen; die österreichische Monarchie hat eine neue Gestalt gewonnen..."

Der Klausenburger Landtag war 1848 zusammengerufen worden, um in erster Reihe über die Union Siebenbürgens mit Ungarn zu beraten. Teutsch war mit Gooß als Abgeordneter Schäßburgs hingeschickt worden. In die Frage der Union hatte sich der ganze politische Kampf jener Tage zugespitzt. Teutsch stand, mit den jüngern Kreisen der Volksgenossen, der Union freundlich gegenüber. Daß das alte Österreich morsch geworden, neuer Stützen zum Bestand bedürfe, daß in ganz anderer Weise als bisher neue Aufgaben des Staates aufgenommen werden müßten, daß insbesonders eine Erneuerung nicht möglich sei ohne verfassungsmäßiges Leben, das den bessern Kräften, ohne jene geisttötende alte Bevormundung, Gelegenheit zur Mitarbeit gebe, das war ihm schon aus seinen historischen Studien klar geworden. Die Magyaren erschienen als Vorkämpfer liberaler Ideen gegen das Metternich'sche System und so schien es natürlich, daß wenn diese zum Siege kämen, auch dem sächsischen Volk der Segen größerer politischer Freiheit nicht fehlen werde. Auf dem Boden des heimischen Staatsrechts hoffte er auf die Möglichkeit einer Aussöhnung auch der nationalen Gegensätze; insbesonders auch mit Rücksicht auf die Zusicherungen der Magyaren, die sie dem Sachsen gemacht, glaubte er über die Zukunft der Nationalität seines Volkes, über die Entwickelung derselben sich beruhigen zu können. So kam denn die Mehrheit der sächsischen Vertreter auf dem Klausenburger Landtag, von Gooß geführt, zum Entschluß, gegen die Instruktion, die sie bekommen hatten, für die Union zu stimmen, nachdem die zwei Mitstände jene begeistert verkündigt hatten. Sie haben die Zustimmung nie als Übergabe auf Gnade und Ungnade angesehn, vielmehr die Gewährleistung gewisser Grundrechte als unumstößliche Bedingung derselben gefaßt, darunter die munizipale Einheit, Universität, Selbstverwaltung, deutsche Sprache als Amtssprache, Selbstbestimmung der Kirchen- und Schulangelegenheiten. Zeuge dessen u. A. die Denkschrift der Abgeordneten an die Stände vom 20. Juni 1848, die von Teutsch herrührt. Es gehört zu den schmerzlichsten politischen Erfahrungen, als Teutsch und seine Gesinnungsgenossen erkannten, daß der ungarische Reichstag, die Führer der Magyaren weder den Willen hatten, gerecht gegen die Sachsen zu sein, noch das Verständnis für ihre eigenartige Stellung und Entwickelung und daß der Gang der Verhältnisse jene teuersten Güter des nationalen Lebens, die sie hatten schützen wollen, aufs äußerste bedrohte. Diese Erfahrungen darf nicht vergessen, wer die spätere Entwickelung in den sechziger Jahren verstehen und richtig beurteilen will.

Es waren aufgeregte und arbeitsreiche Tage in Klausenburg; die innern Kämpfe, die den Vertretern einer bedeutenden Sache in solch entscheidenden Augenblicken nicht erspart bleiben, raubten ihm die Seelenruhe nicht. „Sorgt auf Kirschen und Erdbeeren" — schreibt er nach Hause — und empfiehlt der jungen Frau Sorge auf die Gesundheit, „ob bei den roten und gelben Rüben ein Unkraut mehr oder weniger, ist gleich viel" und scherzt, die Schäßburger Frauen wollten, so erzähle man sich, einen Verein gegen Politik stiften.

Die oben angedeuteten Erfahrungen der gesamten Nation, der Gang der Ereignisse zwangen auch unserm Volk die Waffen in die Hand. Schon im März 1848 hatte Schäßburg eine von Teutsch verfaßte Petition an die sächsische Nationsuniversität geschickt, in der die Bewaffnung des ganzen Volks gefordert wurde, nun wurden die sächsischen Jäger errichtet, von der Schäßburger Schule traten eine Anzahl bester junger Leute ein, die Bürgerwehr wurde ins Leben gerufen, Teutsch zum Hauptmann derselben gewählt. Als solcher hat er in jenen Nottagen die Herzen der Mitbürger aufrichten geholfen, es war häufig notwendig, nicht nur bei jener tollen Flucht vor dem nie sichtbaren Feind, zu dem Heudte die Bürgerwehr im Februar 1849 durch den halben Schäßburger, Schenker, Schelker, Mediascher Stuhl zwang, eine Kriegskunst, die der Laienverstand des Bürgerwehrhauptmanns nicht zu fassen vermochte.

Das Ende der Revolution fand ihn ärmer an äußerer Habe, aber reicher an Lebenserfahrung und fester in sich, reifer auch gegenüber den Tagesströmungen, deren Wert oder Unwert er nicht am Urteil der Menge maß.

So nahm er denn die ruhige Arbeit der Schule wieder auf, bei der Besetzung des Rektorats zunächst übergangen, weil er einem Teil der maßgebenden Leute im Konsistorium mit seiner Energie und dem selbstbewußten Willen erarbeiteter Überzeugung mißliebig war. Gerade die Arbeit für die Schule führte ihn zunächst in eine weitere Thätigkeit. Unter seiner Mithilfe und auf seinen Antrag sprach das Oberkonsistorium als Grundsatz aus: Der Fortbestand aller 5 sächsischen Gymnasien sei notwendig, als konfessionelle ev. deutsche Anstalten, keines von ihnen soll in ein Staatsgymnasium umgewandelt werden, die Grammatikalschulen sind in Volks- und Realschulen umzuwandeln, siebenbürgische Geschichte ist unter die obligaten Lehrgegenstände aufzunehmen. Diese Gedanken sind seither ein Menschenalter lang, man kann sagen ein eiserner Bestand unsers nationalpolitischen Gedankenvorrats gewesen. In derselben Sitzung des Oberkonsistoriums (12. Juli 1850) wurde die Bitte an die sächsische Nationsuniversität gestellt, eine Dotation von 50.000 fl. C.-M. zur Erhaltung des deutschen ev. Schulwesens zu widmen; auch wer es nicht weiß, erkennt den Verfasser sofort in den Worten, die er gehobenen Herzens schreibt, in dem er die Universität auffordert, „ein der Väter würdiges Denkmal" sich zu setzen, „daß sie wie deutsche Männer die Bildung geachtet, soviel an ihnen gelegen für sie und die höchsten Interessen des Volks und des Staats für alle Zukunft gesorgt . . . Entscheiden sie als Väter, als Vertreter eines Volkes, dessen Bestand und Blüte von jeher auf seiner Bildung beruhte." Es ist bekannt, wie die Universität entschied, die jährliche Dotation von 50.000 fl. C.=M. in der Widmung vom 22. August 1850 war die Antwort, von Sr. Majestät bestätigt, was der Nation mit dem Ausdruck der Freude des Ministers bekannt gegeben wurde, es sei ein „ehrendes Zeugnis von dem hohen Wert, den eine Nation der Bildung und Gesittung beizulegen gewohnt sein muß, deren Vertreter das Nationalvermögen nicht zweckmäßiger und fruchtbringender verwenden zu können erklären, als wenn sie es den Schulanstalten widmen". Die Anregung zu der Nationaldotation ist von Josef Andreas Zimmermann ausgegangen, die Beschlußfassung ist sein Verdienst; daß der Gedanke beim Nationsgrafen Franz v. Salmen, bei der Nationsuniversität Anklang, zuletzt Verwirklichung fand, dazu hat Teutsch auch beigetragen.

Zur selben Zeit rief ihn Bischof Binder nach Wien, wo er am 9. September anlangte.

Fast ein viertel Jahr lang dauerte der Aufenthalt dort. Er war nicht nur den Arbeiten der amtlichen Sendung gewidmet: der Lösung der Zehntentschädigungs= (Grundentlastungs)frage, Landesorganisation, Schulangelegenheiten, sondern vor allem auch wieder Studien in den Wiener Archiven. Teutsch hatte schon früh die seltene Gabe, die verschiedensten Eindrücke auf sich wirken zu lassen und immer bereit, etwas zu lernen, sie innerlich zu verarbeiten. Damit hing zusammen, daß er auch in seinem Alter noch stetig wuchs. „Jedenfalls wird — so faßt er einmal die Eindrücke jener Tage zusammen — uns d. i. den Sachsen zu sorgen und zu thun Manches übrig bleiben; ich hoffe aber fest auf unsere Zukunft und werde, wie es immerhin gehen mag, an sie zu glauben und für sie thätig zu sein nicht aufhören. Daß übrigens meine Ansichten über Manches durch meinen Aufenthalt in Hermannstadt und Wien anders geworden sind — in der Nähe betrachtet lernt man die Dinge genauer kennen — werdet Ihr leicht glauben und ich rechne mir diese Reise zu großem Gewinn."

In Wien überraschte ihn die Nachricht von der (am 29. September erfolgten) Wahl zum Rektor des Schäßburger Gymnasiums, ehemalige Schüler überbrachten ihm die erste Botschaft, was er zum guten Zeichen nahm. „Mit dem neuen Wein ist also ein neuer Rektor in Schäßburg geworden! .. Ich wünsche, daß das neue Rektorat wenigstens die Ähnlichkeit mit dem Weine habe, daß es ebenfalls schon anfangs süß und je älter desto besser werde."

2.

Ende November kam der neue Rektor in die Heimat zurück. Die Ein- und Durchführung der neuen Organisation des Gymnasiums war die nächste Aufgabe, die im Jahr 1853 im wesentlichen vollendet war. Aber es handelte sich hier um mehr als neue Lehrpläne und äußere Einrichtung. Es ist nicht richtig, wenn hie und da behauptet wird, daß die jüngste Gegenwart erst neben den Unterricht der Schule auch die Erziehung als gleichwertige Aufgabe gestellt habe. Sie ist in unsern Schulen im allgemeinen schon lang erkannt, wenn auch nicht immer in gleicher Weise geübt worden. In Schäßburg hat in jenen Jahren Niemand daran gezweifelt, daß die Schule erziehe und unterrichte. Und wie hat sie erzogen! Wenn die Schüler jener Zeit heut noch leuchtenden Auges erzählen, wie ihnen das Herz in den Stunden auf dem Schulberg oben aufging, wenn sie in spätern Jahren, wo sie sich der eigenen Tüchtigkeit bewußt wurden, dankbar als das Beste was ihnen die Schule mitgegeben, Pflichttreue und empfindliches Gewissen rühmten und bethätigten, den rechten Maßstab für Menschengröße und Völkerglück, die Fähigkeit dauernde Gedanken und zerrinnende Tagesströmungen zu unterscheiden, und neben der ernsten Lebensführung doch auch die Gabe, die edeln Freuden des Lebens zu genießen, so ist das wohl das beste Zeugnis für die Schule. Und der 33-jährige Rektor hatte daran hervorragenden Anteil. Ihm zur Seite die Genossen, von denen Viele unser Volk seither zu seinen Besten zählt: Müller, Haltrich, Fronius, Marienburg, um Anderer zu geschweigen. Und nahezu Alle nicht nur Kollegen, ehemals seine Schüler, nun seine gleichstrebenden Freunde! Es ist fast eine Neugründung des Gymnasiums gewesen, äußerlich und innerlich. Die Umgebung der Schule schufen Lehrer und Schüler in einen Garten um, die Bibliothek wurde neu angelegt und systematisch vermehrt, der Anfang einer archäologischen Sammlung gemacht, Mittel für den Bau einer Turnhalle zu schaffen begonnen. Für den materiellen Bestand der Anstalt wurde besser gesorgt. Wohl sind wir noch immer über diese Kämpfe nicht ganz hinaus, aber nun war's doch nicht mehr nötig, daß man den Stadtkassier belagern und auf ihn lauern mußte, wenn die Pachtgelder einflossen, daß er die Zahlung des rückständigen Gehalts nicht verweigern konnte. Wohl kam es noch vor, daß auch Teutsch in den durch das ganze Leben ungewöhnlich genau geführten Aufzeichnungen über Einnahmen und Ausgaben der „getäuschten Hoffnung" Ausdruck gab, die auf Auszahlung des Gehalts aus der Stuhlskasse am Fälligkeitstermin gerechnet hatte, aber es wurde doch allmählich besser. Noch flossen kurze Zeit die alten Honorare für „Leichencharten" — auch Teutsch hat noch einige verfaßt — aber die Pflicht der Leichenbegleitung war endlich für die Lehrer abgestellt worden. Immerhin mußte bei den kargen Einkünften hausgehalten werden und was die fleißige Frau im Garten, der Mann mit klug angefangener Weinwirtschaft oder sonst durch die Wissenschaft erwarb, gab willkommenen Zuschuß.

Der äußere Mangel hat die innere Erhebung nicht zu hindern vermocht. Das Lehrerkollegium bildete, das naturgemäße in einer kleinen Stadt, den Mittelpunkt des geistigen und auch des geselligen Lebens. In der „Narragonia", der zwanglosen Zusammenkunft der Lehrer und anderer Freunde aus verschiedenen Ständen, wurde in Ernst und Scherz, was das Leben drückte und erhob, behandelt und so die Freiheit der Seele gefunden, die auch widrige Gewalten thatkräftig zu überwinden vermag. Teutsch selbst war immer eine sehr gesellige Natur, der Verkehr mit Freunden war ihm Bedürfnis, er vermochte dem Gespräch immer Schwung, Anregung, Geist zu geben. Auch diese Jahre blieben nicht frei von Leid. Am 2. Januar 1852 starb die Mutter, 1854 der liebe Knabe aus der ersten Ehe — es ist ein tiefergreifender Schmerz gewesen, der nach jahrelangem Ringen erst zur Wehmut wurde; „Hüter, ist die Nacht schier hin", klagte die bange Seele.

Aber bei Naturen, die innerlich so stark sind, bei denen das Vollgefühl der Kraft zur Arbeit drängt, da ist die Teilnahme an den großen Aufgaben des öffentlichen Lebens zuletzt stärker als der eigene Kummer, den jene überwinden helfen kann. Das politische Leben lag in jener Zeit des Absolutismus stark unter dem Bann polizeilicher Bevormundung; aber gerade dieses forderte zu vielfacher Abwehr, zu mannigfacher Arbeit auf. Die Sachsen haben den Absolutismus ertragen, weil sie mußten, seinen Druck aber schwerer als Andere empfunden, weil sie meinten, ihn am wenigsten verdient zu haben und weil die Traditionen im Volk, bei aller Bureaukratie und was sich sonst an Staub auf die alte Verfassung gelegt hatte, ein gewisses Maß von Selbstregierung und Selbstverwaltung als unbedingt notwendig ansahen. Teutsch war gewohnt, Personen und Sachen von einander zu trennen, er konnte das Tüchtige an den fremden Beamten, wo es sich fand, gern anerkennen, das System, das auch die Selbstbestimmung des sächsischen Volkes in Trümmer schlug, haben die Führer der Sachsen stets bekämpft. Sie versagten aber die Mitarbeit nicht, wo sie durch diese etwas bessern zu können meinten. So hat auch Teutsch mitgeholfen an dem Gutachten über die Landesorganisation, den Entwurf einer Regelung der Gewerbs- und Handelsverhältnisse einer scharfen Kritik unterzogen u. a. m. Daneben führte er das Secretariat im Domestikalkonsistorium, war Kassier und Schreiber der Lesegesellschaft, nach alter Überlieferung Schreiber der 1. Burgnachbarschaft, Verwalter zweier arbeitsreichen Vormundschaften — es ist die große Arbeitskraft, die wir bis zum letzten Tag an ihm bewunderten. „Wo immer in jenem Zeitraum — so schreibt das Schäßburger Presbyterium zum 50=jährigen Dienstjubiläum seines Bischofs 1892 — Dauerndgemeinnütziges, das Maß des Alltäglichen Überragendes inmitten der Vaterstadt geschaffen worden ist, sobald man tiefer gräbt, trifft man auf den vorausschauenden, die Anregung gebenden und weise abwägenden Rat, auf die über alle sich entgegen stellenden Hindernisse sicher zum Ziel hinführende Thätigkeit Euer Hochwürden ... Wir gedenken insbesonders dessen, daß es wesentlich ein Verdienst Euer Hochwürden ist, daß die Vaterstadt von der jährlich wiederkehrenden, ihren Wohlstand schädigenden Plage der Überschwemmungen befreit worden und dadurch erst die Möglichkeit geschaffen worden ist, für die seither stattgefundene schmuckreichere und anmutigere Ausgestaltung ihrer Gassen und ihrer Umgebung."

„Seine öffentliche Stellung und sein weltmännisches Benehmen ließ ihn mit vielen Höchststehenden in Berührung kommen, ohne daß er seinen festen Überzeugungen und seinem bürgerlichen Selbstbewußtsein etwas zu vergeben gebraucht hätte. Er hatte für sich um nichts zu bitten; wo er es für die Interessen seines Volkes that, geschah es mit dem Freimut, der aus dem Bewußtsein des Rechts stammt. Er war nicht beliebt bei den Gewaltigen jener Zeit; die Achtung mochte ihm Niemand versagen." Die Freunde und die ihn näher kannten liebten und verehrten ihn; sie sahen in ihm ihre Hoffnung.

Was das Leben etwa nicht hielt, das sollte die Wissenschaft ersetzen. War sie schon in den vierziger Jahren als ein Mittel zur Erhaltung des Volkstums erschienen, so war die Zeit jetzt erst recht darnach geartet, in der Wissenschaft, besonders der Geschichte, im weitern Sinn der Volks- und Landeskunde, ein Mittel zu sehen, die erschütterten Grundlagen des Volkslebens neu zu befestigen. Der Gedanke ist wieder ein dauernder Besitz unseres Geschlechts geworden und unsere Wissenschaft arbeitet fort in diesem Sinn. Es mahnt an ein Märchen, wenn die drei Freunde Teutsch, Haltrich, Müller in den Ferien auszogen, des Volks Geschichte zu suchen, der eine sammelte Urkunden, der andere Märchen, der dritte Sagen und erfrischten zunächst selbst das Herz an diesem Volkstum und Volksleben, um dann den labenden Trunk aus diesem Quickborn dem Volk selbst zu bieten.

Die Jahre des Rektorats in Schäßburg sind die wissenschaftlich fruchtbarsten gewesen. Damals erschienen und sind zum größten Teil geschrieben worden, um nur das bedeutendste zu nennen:

1852/3 Die Geschichte des Schäßburger Gymnasiums.
1852—58 Die Geschichte der Siebenbürger Sachsen für das sächsische Volk.
1852 Die Reformation im Sachsenland.
1857 Urkundenbuch zur Geschichte Siebenbürgens.
1858 Das Zehntrecht der ev. Landeskirche A. B. in Siebenbürgen.
1862 Urkundenbuch der ev. Landeskirche A. B. in Siebenbürgen.
1864 Chronik des Schäßburger Stadtschreibers G. Krauß.

Denken wir uns diese Arbeiten fort aus unsrer Litteratur — dann werden wir ermessen, was sie bedeuten. Es mahnt an die Renaissancezeit, wo der Maler seine Farben sich selbst bereitete, das Bild malte, es in Holz schnitt und druckte, wenn diese umfassende Arbeit gewürdigt wird. Er schafft die Bausteine aus dem Bruch, behaut sie und legt sie zum kunstvollen Bau aufeinander.

Dem jungen Forscher entgeht kaum eine bedeutende Quelle; mit solchen Kenntnissen ausgerüstet, die all die Einzelheiten doch immer allgemeinen Gedanken unterordneten, konnte er damals schon eine in seltener Art anregende Wirksamkeit auch auf wissenschaftlichem Gebiet entfalten. Die Arbeiten des Schäßburger Lehrerkollegiums, des dortigen Zweigvereins des Landeskundevereins sind dafür Zeugnisse.

Wo die Zeit so sehr darauf drängt, die Geschichte dem Leben dienstbar zu machen, da stellt sich das Bedürfnis von selbst ein, was die Wissenschaft gefunden, auch den breiten Schichten des Volkes zugänglich zu machen. Im schweren politischen Kampf am Ende des vorigen Jahrhunderts hatte unsere Litteratur zum ersten Mal das Wort gefunden, das zum Herzen des Volkes drang, da sie in die Geschichte zurückgriff und der Väter ehrwürdige Gestalten vor seine Seele stellte, es zur Ausdauer und zum Mut aufzurufen. Es war kein Wunder, daß in ähnlicher Zeit das gleiche Bedürfnis zutage trat. So schrieb denn der Verein für siebenbürgische Landeskunde einen Preis für eine Sachsengeschichte für das Volk aus, Teutsch nahm die Arbeit, nicht vorwiegend auf jene äußere Anregung hin, auf und so erschien in den Jahren 1852—58 die Sachsengeschichte. Auch die 1. Auflage beruht, wie der Kenner weiß, auf tiefsten Quellenstudien, ist unmittelbar aus den Urkunden, Chroniken u. s. f. geschöpft. Sie gab ein Gesamtbild der sächsischen Entwicklung bis 1699, wie wir es noch nicht gehabt und seither kein zweites empfangen haben. In dem Bilde, das dort unsre Geschichte empfangen, haben wir sie bis zum heutigen Tage gesehn, Auffassung, Beurteilung ganzer Perioden und einzelner Ereignisse haben ihre Beleuchtung da empfangen. Immer wieder überrascht den Forscher die Fülle des verarbeiteten Materials; schon Mancher, der Neues gefunden zu haben glaubte, fand es nachträglich schon in der Sachsengeschichte. Dabei klingt in jeder Zeile die Teilnahme für des Volkes Schicksale und Kämpfe, seine Not und Drangsal durch; die Objektivität, die auch von den Angelegenheiten des eignen Volks hätte reden können, als seien sie etwas fremdes, lag seiner Natur fern. Daß aber die Wahrheit sich auch mit solcher Auffassung verträgt, die Sachsengeschichte ist auch ein Beweis dafür. Er war ja nicht umsonst zu Rankes Füßen einst gesessen. „Alles hängt zusammen — schreibt dieser Meister einmal — kritisches Studium der ächten Quellen, unparteiische Auffassung, objektive Darstellung, das Ziel ist die Vergegenwärtigung der vollen Wahrheit". Einen Abglanz dieses Ideals sehn wir auch in der Sachsengeschichte. „Die Idee ist unermeßlich — fährt Ranke fort — die Leistung ihrer Natur nach beschränkt. Glücklich wenn man den richtigen Weg einschlägt und zu einem Resultat gelangte, das vor der weitern Forschung und der Kritik bestehen kann". Daß dieses Glück dem Verfasser zuteil geworden, das kann unsre Wissenschaft unparteiisch heute sagen. Die moderne Auffassung, daß die Geschichte Kunst und Wissenschaft sei, konnte dem Zeitgenossen der mächtig aufgeblühten deutschen Historiographie nicht fremd bleiben. Er hatte an sich und Andern gesehn, daß nur eine tiefe und erschöpfende Forschung lebendige Kenntnis gebe und diese allein eine Darstellung ermögliche, die des Gegenstandes würdig sei. Die Form der Darstellung hatte sich an Zschokkes Schweizergeschichte ein Muster genommen, das in einzelnen Wendungen besonders in den ersten Heften nachweisbar ist, die altertümliche, hin und wieder gesuchte Form, in der ab und zu auch Taciteische Einflüsse bemerkbar sind, geht auf jenes Vorbild zurück. Je reifer der Verfasser wurde, je weiter die Arbeit vorwärts schritt, je mehr er an ihr selbst wuchs, um so mehr schwinden jene Anklänge. „Es war ein unscheinbares kleines Heft — so schildert

Wattenbach den ersten Eindruck, den die Sachsengeschichte auf ihn gemacht — aber kaum hatte ich begonnen, es zu lesen, als es mir lebhaft entgegen trat, daß hier etwas ganz anderes vorliege als die mühsam zusammengestoppelten Lokalgeschichten, wie sie sonst oft vorkamen. Hier war tüchtige historische Kenntnis, auf ernsten Studien beruhend, hier aber auch die dichterisch-schöpferische Kraft, welche allein vermag, die ferne Vergangenheit wieder zu beleben und dem Leser anschaulich vor Augen zu führen."
Und L. Häusser, auch einer der Großen auf dem Feld deutscher Historiographie, schrieb an den Verfasser: „Diese frische und anmutige Verarbeitung des Quellenmaterials zu einer ebenso belehrenden wie anziehenden Volkslektüre hat mir einen hohen Genuß gewährt und ich habe dabei nur das eine wehmütige Bedauern empfunden, daß wir nicht eine ähnliche Geschichte des gesamten deutschen Vaterlandes für das Volk besitzen. Ich weiß nicht, ob es die Verpflanzung auf ein anderes Terrain oder das Gefühl der Vereinzelung ist, was diese Energie und Unmittelbarkeit des Volksgeistes weckt; aber es kommt mir immer vor, als sei das deutsche Wesen, je weiter es an die Gränzmarken der Kultur und Nationalität als vereinzelter Posten vorgeschoben ist, desto markiger und ursprünglicher als bei uns im Binnenlande, wo die Reibung und die Anspornung fehlt. Die Lektüre Ihres trefflich angelegten und ausgearbeiteten Volksbuchs hat mir diese Gedanken von Neuem geweckt." Es ist in beiden Urteilen der Kern der Sache berührt. Für uns und unsere Entwickelung war es von dauernder Bedeutung, daß die oben erwähnte Energie und Unmittelbarkeit des Volksgeistes b. i. des deutschen Geistes nicht nur in der Sachsengeschichte zutage trat, sondern mitgeholfen hat, diesen Geist in jenen Tagen in unserm Volk zu wecken und zu stärken. Es war ein Trost, in leidvoller Zeit zu sehn, daß die Väter auch nicht auf Rosen gebettet waren, daß der Kampf für Recht und Gesittung durch alle Jahrhunderte hindurchging, daß das Recht zuletzt den Sieg davon getragen, daß die Vorfahren unter schweren Verhältnissen doch nicht wenig geleistet hatten und die Mahnung, die aus jeder Zeile sprach, der Väter nicht unwürdig zu sein, daß nur jenes Volk zugrunde gehe, das sich selbst aufgebe, stärkte und erhob die Herzen. So hat das Buch mitgeholfen, unser Volk politisch zu erziehn, den Gedanken, festzuhalten an dem angestammten Volkstum — wie wir hoffen unverlierbar — ihm ins Herz gesenkt und zugleich es zu der Pflicht aufgerufen, durch Arbeit und Treue im großen und kleinen die Güter desselben zu erhalten. Es gilt fürs ganze Volk, was der Verfasser seinem Freund J. Haltrich als Widmung mit dem Buch mitgab:

Die Feinde rings sie sagen,
Tot sei nun der deutsche Baum,
In Stamm und Ästen zerschlagen
An der Karpathen Saum.

Wir aber wissen, es lebet
Der Wurzel die alte Kraft,
Noch oft, so Gott wills, hebet
Sich zu Blütenkronen der Schaft.

Wir aber, ob leben ob sterben,
Was auch die Zukunft sei:
„Wenn alle untreu werden,
So bleiben wir doch treu!"

Aber auch ein anderes Ziel verfolgten und erreichten allmälig jene Arbeiten, die sich die wissenschaftliche Erforschung und Darstellung des sächsischen Lebens in Vergangenheit und Gegenwart als Aufgabe gesetzt, sie wollten die Kenntnis dieses Lebens dem deutschen Mutterland vermitteln, damit man dort von unsern Leiden und Kämpfen auch wisse und die Teilnahme von dort stärkend auf unser Volk wirke. Daß die Sachsengeschichte dazu mitgeholfen, wer könnte es verkennen? So verknüpften diese Bestrebungen damals schon Teutsch mit vielen Treuen im Mutterlande; die Berufung in den Gelehrtenausschuß des germanischen Nationalmuseums 1855, die Ernennung zum Ehrendoktor von Jena 28. Oktober 1858, zum Ehrenmitglied des Leipziger Schillervereins 1861 waren die ersten Zeichen, daß man dort anfing, der vergessenen Brüder sich zu erinnern.

Wie erfrischend und erhebend mußte so reiche wissenschaftliche Arbeit auf den Unterricht und die ganze Schularbeit wirken! Der Rektor verstand es insbesonders auch meisterhaft, allgemein bedeutende Tage, die mit dem Schulleben in Verbindung standen, zu Festen zu gestalten, die eindrucksvoll auch größern Kreisen eine Empfindung von der Bedeutung der Schule gaben. So ist das Schillerfest am 10. November 1859, die Binderfeier am 25. Juni 1858, die Erinnerungsfeier an Melanchthon am 20. April 1860 noch in Erinnerung der Mitfeiernden. Und wie verstand der Redner bei solcher Gelegenheit die Herzen zu entzünden und emporzuheben! Von der Person führte er die Gedanken zur Sache, deren Vertreter der Gefeierte war; als er den Bischof Binder feierte, stellte er in den Mittelpunkt der Rede den Gedanken: was eines Geschlechtes Würde und Dauer begründe! Die Schule wußte, was sie an dem Rektor hatte und die Behörde bewies, daß auch sie ein Verständnis dafür gewann.

Mitten in diesen Arbeiten war ihm die große Erhebung vergönnt, 1858 den Philologentag in Wien besuchen zu können. Da er in Hermannstadt aus dem Postwagen ausstieg, erwartete „Fuß Misch" den Kommenden: „komm und berede mich". Da brauchte es wohl nicht viel „zu bereden" und so haben die beiden Freunde jene Tage zusammen mitgemacht, an Thuns Lob der sächsischen Gymnasien sich erhoben (sie hatten auch Anteil daran), den Kometen am Himmel bewundert, alte Freunde begrüßt, neue kennen gelernt. Für Teutsch war insbesonders die persönliche Bekanntschaft mit Wattenbach und Thomas ein dauernder Gewinn, es erwuchs daraus eine Männerfreundschaft, die nur der Tod gelöst. Daran schloß sich eine Reise nach Deutschland über Brünn, Prag, Dresden, Leipzig, Halle, Magdeburg, Hamburg, Kiel, Berlin mit lang nachwirkender Erhebung und Belebung; das Honorar für die Sachsengeschichte half die Ausgaben decken.

Den Heimgekehrten erwartete neue vielversprechende Arbeit zunächst auf kirchlichem Gebiet.

3.

Der Belagerungszustand, der nach Niederwerfung der Revolution über das ganze Reich verhängt worden war, hatte 1850 mit der Verfassung Siebenbürgens auch die sächsische Verfassung aufgehoben und damit auch die Kirche, deren Verfassung eng mit der politischen zusammenhing, zu einem Neubau genötigt. Im Zusammenhang damit hatte das Oberkonsistorium schon 1851 dem Minister für Kultus und Unterricht, Graf Leo Thun, den Entwurf einer neuen Verfassung unterbreitet, der in der „Provisorischen Vorschrift für Vertretung und Verwaltung der ev. Kirche" vom 27. Februar 1855 vorläufige Erledigung fand, auf Grund deren sich die Einzel- und Bezirksgemeinden 1856 organisierten, nach Thuns edelem Wort, „daß in Zukunft der Kern der ev. Bevölkerung lediglich durch das Vertrauen der Glaubensgenossen zur Vertretung und zur Teilnahme an der Verwaltung der Kirche berufen werden sollte." Das Oberkonsistorium, das aus den evangelischen Räten und Sekretären der Landesoberämter (Dikasterien), den sächsischen Oberbeamten und den Mitgliedern der sächsischen Nationsuniversität, dann aus dem ev. Bischof und den Dechanten bestand, blieb als höchste kirchliche Verwaltungsbehörde aus der alten Ordnung noch bestehen, nicht zur Freude der Kirche, die den Ausbau der Verfassung dringend wünschte, ohne Mandat, die Kirche zu vertreten, vielfach mit Anschauungen über Rechtsstellung der Kirche im Staat und über manche Innerfragen, die mit Autonomie und freier Entwickelung wenig zusammenstimmten. In den jüngeren Kreisen besonders gelangte der Gegensatz oft zu sehr entschiedenem Ausdruck. Nach vieler Zögerung der Regierung, Vorstellungen und Drängen von unten, nicht ohne Einfluß der Entwickelung der Protestantenfrage in Ungarn, wo man schon vorher mit Vertrauensmännern versucht hatte, berief die Regierung, über Anregung des Oberkonsistoriums auf den 1. August 1860 Vertrauensmänner nach Hermannstadt, darunter auch Teutsch, in Anbetracht seiner „bisherigen Wirksamkeit im Schul- und Kirchenwesen" wie auch seiner „Einsicht, Erfahrung und Lebensstellung". Die Männer, unter J. A. Zimmermanns Leitung Konrad Schmidt, Phleps, Mannicher, S. Schiel, Teutsch, Gräser, Budaker, sollten „nicht im Namen oder Auftrag der Landeskirche, welcher sie angehören, sprechen und handeln", vielmehr nur „ihre persönlichen Überzeugungen und Ratschläge darlegen. Das ist denn, nach eingehenden Beratungen vom 1. bis 31. August, in einer Denkschrift geschehn, die, eine Umarbeitung der Prov. Vorschrift, die Grundlage für die von der Regierung am 4. Dezember 1860 herausgegebenen „Provisorischen Bestimmungen" abgegeben hat, auf Grund deren sofort 1861 die Landeskirchenversammlung, die oberste Vertretung, zusammentrat, um im autonomen Wirkungskreis der Kirche eine Verfassung zu geben. Teutschs Mitarbeit an jenen Sitzungen mit seinen historischen und kirchenrechtlichen Kenntnissen, mit seiner Fähigkeit das neue an das alte anzuschließen, jenes aus diesem hervorwachsen zu lassen, haben die Arbeit wesentlich unterstützt.

Sie war auch darum schwer, weil ein Teil der Freunde nur mit Mißtrauen die ganze Arbeit verfolgte, da sie darin den Versuch der Regierung sahen, das Provisorium zu verlängern, auch die Kirche dem Staat auszuliefern und das sind bekanntlich die schwierigsten und schmerzlichsten Fälle, wo Freunde im selben Mittel die Wege zu entgegengesetztem Ziele sehen. Heute läßt sich nicht daran zweifeln, daß es der richtige Weg war, der Kirche die gesetzlich ihr zustehende Autonomie zu verschaffen. Es läßt sich im einzelnen verfolgen, wie allmählich in der Kirche und in den einzelnen Vorkämpfern für ihr Recht völlige Klarheit über die Ziele und die Wege die dazu führten, sich entwickelte, bis die „Provisorischen Bestimmungen" endlich der Kirche „das ihr zustehende Selbstbestimmungsrecht" zurückgaben.

So konnte denn die 1. Landeskirchenversammlung, die am 12. April 1861 in Hermannstadt zusammentrat, die Provisorischen Bestimmungen als Verfassung annehmen. Teutsch war Referent in der Angelegenheit. Die neue Kirchenverfassung gab der Landeskirche ihre Autonomie zurück, stellte das Verhältnis zum Staat auf die gesetzliche Grundlage, ließ alle Vertretungs- und Verwaltungsorgane aus freien Wahlen hervorgehen und entzog sie dadurch den Schwankungen wechselnder politischer Einrichtungen, sie gab der Kirche ihre Gerichtsbarkeit und die Verwendung der widerrechtlich aus der Mitte der Kirche erhobenen Bezüge zurück. Sie schuf eine einheitliche Gesetzgebung und überhaupt erst die Einheit der Kirche, die thatsächlich nicht mehr bestand, sie brachte uns ein Kirchenregiment, das man Jahrzehnte lang entbehrt hatte. Was wäre aus uns geworden in den folgenden Zeiten ohne diesen Schutz?

Gewiß ging die neue Verfassung im einzelnen über die Bedürfnisse des Augenblicks hinaus, indem sie die Kirche in Wahrheit vollständig auf den Boden der Gemeinde stellte, selbst die dogmatische Entwickelung der Landeskirchenversammlung zuwies. Aber sie sollte das Volk erziehen helfen, ein schönes Zeichen für das Vertrauen ihrer Urheber auf den guten Geist des Volkes, an dem Teutsch auch in den schlimmsten Tagen kaum auf kurze Zeit irre wurde. Es war ein gern wiederkehrender Gedanke: „was ließe sich aus diesem Volk machen, wenn Jemand wäre, der sich seiner annähme."

In der neuen Kirchenverfassung aber sah er zugleich „den ersten und festesten Grundstein für die edelsten Güter unsers Volkstums"; jeder Fortbestand unserer Nationalität beruht wesentlich auf einer Konstituierung unserer Kirche (und Schule), die die Kräfte dieser zu sammeln, zu erhalten, zu stärken Raum und Möglichkeit biete. Denn alle politische Restitutio in integrum, so eifrig ich auch mit dafür kämpfen helfe, wird uns jene Freiheit der Bewegung, die wir früher hatten, nicht mehr geben, eben weil der „Königsboden" nicht mehr bloß „Sachsenboden" ist."

Der Kampf für diese neue Kirchenverfassung aber ist größer und schwerer gewesen als man heute sich noch erinnert. Die politische Bureaukratie und aus kirchlichen Kreisen ein Teil der Geistlichkeit, die für ihren Einfluß fürchtete und — kein wirkliches Kirchenregiment wollte, hatten sich zum ungleichen Bund die Hand gereicht und sahen sich von den

Wohlmeinenden unterstützt, die aus formellen Gründen das „Octroi" der Provisorischen Bestimmungen nicht annehmen wollten. Mitten in diesem Kampf schrieb Teutsch den Artikel Siebenbürgen für Herzogs Realencyklopädie, „freilich in drängendster Eile, in einigen Nächten", „falls der Hagel hier, was ich übrigens noch nicht befürchte, die Saat zerschlägt, vielleicht tragen gütige Winde einen Keim in besseres Land."

Und er hat sie nicht zerschlagen. Vielmehr konnte die zweite Landeskirchenversammlung 1862 den VIII. Abschnitt der Kirchenverfassung, bekanntlich das Gesetz über die Pfarrerswahlen und Prüfung der Kandidaten annehmen, das den alten Promotionskreisen sofort ein Ende machte, die Freizügigkeit herstellte und damit wieder die Einheit der Kirche wesentlich festigte. Teutsch ist der Referent des Konsistoriums gewesen, doch sind an seinem Vorschlag betreffend die Pfarrerswahl wesentliche Modifikationen vorgenommen worden. Schon die erste Landeskirchenversammlung hatte ihn ins Landeskonsistorium gewählt. Die Arbeiten selbst gaben ihm und Andern die frohe Empfindung, daß man an einer erfolgreichen Sache arbeite. Das Jahr vorher hatte ihn als Abgeordneten des neugegründeten Gustav-Adolf-Vereins nach Hannover geführt, wo er den Anschluß unsers Vereins an den allgemeinen deutschen Verein durchführte, eine nicht geringere Erhebung für ihn, wie der Besuch von Genf, wo die evang. Alliance tagte und er die evang. Landeskirche Siebenbürgens vertrat. Er konnte in Hannover darauf hinweisen, daß der Anschluß auch eine Folge der neuen Kirchenverfassung sei und der tiefen Teilnahme, die er und seine Kirche fanden, sich freuen, von der er mit Recht sagen konnte, sie sei sich dessen „allezeit, insbesonders aber in unsern Tagen tief bewußt, daß ihre Zukunft und ihre Fortbildung mit beruht auf dem unauflöslichen geistigen Zusammenhang mit der teuern deutschen Mutterkirche, ihrer Glaubenstiefe und ihrer herrlichen Wissenschaft."

Wie haben sich doch die Erwartungen erfüllt, die an jenen Anschluß an den Gustav-Adolf-Verein sich knüpften!

Im Jahr 1862 erschien auch das Urkundenbuch der ev. Landeskirche nach vierjähriger angestrengter Arbeit. Es war aus dem Bedürfnis hervorgegangen, inmitten der Neugestaltung des kirchlichen Lebens „einem thunlichst großen Kreise wissenschaftlich Befähigter es möglich zu machen, die Grundlagen der Rechtslage der Kirche quellengemäß kennen zu lernen und durch eigenen Einblick in den Gang ihrer historischen Entwickelung sich das tiefere Verständnis derselben und damit zugleich auch die Befähigung zu ihrer gesunden Fortbildung zu verschaffen. Erkenntnis und Stärke, das sah man, lag an einem Orte, und Wissen konnte auch hier nur Macht geben." „Wer nicht weiß, welche Ziele die Väter gehabt, auf welchem Boden sie gestanden, welche Wege sie gewandelt, in welchem Maße ihre Aufgaben und Strebungen, Förderung oder Widerstand im Geist der Zeit gefunden, der entbehrt eine der edelsten Früchte menschlicher Erkenntnis und ist beinahe dem Manne gleich, der in der Finsternis wandelnd, die durchmessene Bahn nicht kennt," so spricht er eine Grundanschauung seines Lebens einmal selbst aus. Er hat nie daran gezweifelt, daß die Geschichte, besonders in der Gegenwart, und besonders für unser Volk berufen sei, die besten Kräfte zu stärken, die höchsten Güter zu stützen, die gesunde Fortentwickelung auf allen Lebensgebieten zu ermöglichen. Darum sah er im Verein für siebenbürgische Landeskunde ein teures Gut, erworben zur Kräftigung unsers Volks, darum eine Pflicht, bei den Generalversammlungen nicht zu fehlen und selten ist er mit leeren Händen gekommen. Der Verein hatte ihn schon 1844 in seinen Ausschuß gewählt.

Zu all den Arbeiten jener Jahre kamen nun noch die politischen Aufgaben hinzu; sie forderten nicht weniger Spannkraft, nicht weniger Kenntnisse, nicht weniger Charakter.

Das Jahr 1860 brachte Österreich das Oktoberdiplom, damit den Versuch, den durch den Absolutismus schwer erkrankten Staat in konstitutionelle Bahnen einzulenken, das Februarpatent 1861 den weitern, die Einheit der Monarchie auch in parlamentarischen Formen zu wahren. Die Sachsen nahmen dankbar die Wiederherstellung ihrer Munizipalverfassung an, obwohl die Rückkehr mancher Personen ins Amt ihnen nicht grade angenehm war. Über die neue Reichsverfassung waren die Ansichten in ihrer Mitte geteilt, in Kronstadt, in Schäßburg gab es Einige, die aus verschiednen Gründen eine Union Siebenbürgens mit Ungarn lieber sahen als den neuen Einheitsstaat; aber es war ein kleiner Teil der Bevölkerung. Teutsch stand mit der großen Mehrheit derselben der Reichsverfassung freundlich gegenüber. Die Erfahrungen des Jahres 1848/49 weckten von vorne gegen die Union Bedenken. Dazu kam, daß innerhalb der neuen Verfassung dem sächsischen Volk Raum zur eignen Entwickelung gelassen wurde, die Universität blieb in ihrem Wirkungskreis erhalten, die Verwaltung den eignen Kreisen übergeben, der Staat sah in einem eigengestalteten munizipalen Leben kein Hindernis seiner Entwickelung, die Sprache und Nationalität der Sachsen blieb unangetastet. Insbesonders die Rücksicht auf die Erhaltung der eignen Nationalität trieb die Sachsen zu dieser Politik. Was Teutsch gegen die Union einnahm war die Furcht, „ein vereinigtes Ungarn und Siebenbürgen kann den Sachsen nicht gerecht werden. Die Hoffnung, sie würden doch etwas gelernt und etwas vergessen haben und die Not müsse sie gerecht machen, ist ein Ideal oder ein Traum, die in Wirklichkeit umzuwandeln ein großösterreichischer Verfassungsstaat ebenso viele Aussicht bietet oder . . . ebenso wenig!" „Die Union ist ein Rückschritt vom Standpunkt der politischen Verfassung, des Kirchenlebens und der Nationalität. Das Übel aber, dessen Befürchtung Viele unionistisch gemacht hat, die Walachenfrage, wird dadurch nicht gelöst. Denn die brennende Wunde sind die unter uns Wohnenden und die nimmt die Union nicht weg."

Um diese Gedanken galt es nun zunächst die Männer des Volks zu scharen. Es geschah unter Anderm auch in der Presse wieder, besonders der Quartalschrift, die seit 1859 in Hermannstadt erschien, aber auch in den ausländischen Zeitungen, besonders der Allgemeinen Zeitung, deren fleißiger Korrespondent Teutsch war. Es gelang nicht, das gesamte Volk auf die eine Saite zu stimmen, in Schäßburg wuchs, genährt durch kluge Ausbeutung lokaler Fragen und Schäden, Zwiespalt und Gährung, Pasquillen wurden auch ihm ans Thor geheftet, die Fenster eingeworfen, Teutsch sah sich genötigt, um die Erlaubnis einzuschreiten, einen Revolver zu tragen; es schmerzte ihn tief, daß solches in einer deutschen Stadt geschah. Ihn durch derartiges von seiner Überzeugung abzubringen, hatte wohl Niemand erwartet. Es dauerte in Siebenbürgen bis 1863, bis der Landtag in Hermannstadt endlich zusammentrat, der den neuen Verhältnissen gegenüber Stellung nehmen sollte. Teutsch war von der Krone zum Regalisten ernannt worden.

Die Ernennung fand ihn nicht mehr in Schäßburg. Am 21. April 1863 hatte die stattliche Marktgemeinde Agnetheln ihn zum Pfarrer gewählt und er hatte den Ruf angenommen. Die Freunde sahen darin die Stufe zu einer höhern Stellung. Im Sommer übersiedelte er von Schäßburg dorthin, der Abschied ist ihm sehr schwer geworden. In dem neuen Beruf aber wartete viel neue Arbeit auf ihn. Vom Garten angefangen, in dem eine ganze Anzahl trefflicher Obstbäume gesetzt und Wege gemacht und Blumen gepflanzt wurden, bis zur Schule hinauf — es galt überall Neues zu schaffen. Schon am 18. Juli 1864 berief der Bezirk ihn zum Dechanten und auch hier gewann er rasch die Herzen. Die Lehrerversammlungen, die Pfarrerzusammenkünfte bekamen neuen Inhalt. Auch für die praktischen Fragen des Lebens wuchs das Verständnis: er regte die Gründung eines Spar- und Vorschußvereins in Agnetheln an, plante für den Stuhl die Anlegung einer Musterwirtschaft, kaufte selbst für die eigene Wirtschaft die erste Häckselschneidemaschine, hielt Winterzusammenkünfte mit den Männern und Frauen, in denen er den Hörern heimische Geschichte erzählte, bereitete die Erweiterung der Schule und den Neubau derselben vor, förderte das Gedeihen der Liedertafel, wenn auch nur als Hörer — in Schäßburg war er eine Zeit lang ausübendes Mitglied der auf seine Anregung 1862 gegründeten Liedertafel gewesen und hatte 1. Tenor gesungen, nicht weil die Stimme dafür am besten gewesen wäre, sondern weil sein Temperament für den 2. Tenor sich unmöglich eignete. Ein lebensgefährlicher Typhus überfiel ihn im Sommer 1863, Wochen lang schwebte er zwischen Tod und Leben; „wir brauchen ihn noch, wir dürfen ihn nicht verlieren," hatte glaubensstark ein Freund in jenen Tagen gesprochen. Es ist die einzige schwere Krankheit in seinem ganzen Leben gewesen. Langsam kehrte die Kraft wieder, in vollen Zügen genoß er die Freude der Genesung; der Arzt hielt ihn noch Wochen lang von jeder Arbeit fern. „Da sitze ich nun in dem wundervollen Herbstwetter täglich wenigstens zweimal im Garten und kann viertelstundenlang in den tiefblauen Himmel starren oder die vor mir, trotz Reif und Nachtkälte noch immer blühenden Rosenstöcke betrachten. Welch ein nie schwindender Reiz liegt doch in der Natur. An die ewigen Gesetze gebunden, vollendet sie ihren Kreislauf unabhängig von „Majoritäten" ihrer Kinder und das stille Walten derselben ist immer eine Quelle des Segens und des Genusses." Doch kehrte „mit der steigenden Genesung die süße Lust an ernster Arbeit doppelt freudig zurück" und nach Aufnahme der pfarrämtlichen Arbeit trat auch die politische wieder in ihr Recht.

Der Hermannstädter Landtag war zusammen berufen worden, um die Grundlagen für das neue konstitutionelle Siebenbürgen im Rahmen des neuen Einheitsstaates zu legen, wobei das frühere siebenbürgische Staatsrecht die Kompetenz des Landtags gleichfalls bestimmen sollte. Die Sekler und die ungarischen Abgeordneten und Regalisten fehlten fast vollständig, im letzten Augenblick hatten sie sich für Fernbleiben entschieden, da sie die neue Wendung der Dinge scheuten und den Faden der Entwickelung an das Jahr 1848, die Union Siebenbürgens mit Ungarn, anschließen wollten. Die sächsische Nation war vollständig vertreten und in der That nicht unwürdig. Der Landtag nahm das Oktoberdiplom und das Februarpatent unter die Gesetze auf und sah darin eine Fortentwickelung des Leopoldinischen Diploms, schuf eine Landtagsordnung, das Gesetz über die Gleichberechtigung der rumänischen Nation, über den Gebrauch der drei Landessprachen im öffentlichen amtlichen Verkehr, über die Wahl der Abgeordneten zum Reichsrat. Es ist eine umfassende gesetzgeberische Thätigkeit gewesen, der Gebrauch aller drei Landessprachen (deutsch, magyarisch, rumänisch) hat sie nicht im geringsten gehindert. Eigentliche Parteigruppierung gab es in jenem Landtag kaum. Die Einen wollten dem Reich etwas mehr, die Andern etwas weniger geben, die Abstimmung erfolgte nach den persönlichen Anschauungen, wenig durch Klubzwang gehindert. Die Stellung Teutschs zu den großen Fragen und im einzelnen war von vornherein durch seine historische Anschauung von der Entwickelung dieses Landes, von den Aufgaben und Zielen des Staates, der Bestimmung seines sächsischen Volkes gegeben. So hat er mitgeholfen „an dem großen Werk der staatlichen Neugestaltung Siebenbürgens", als dessen Ziel er ansah „es soll uns in den Reichsrat nach Wien führen, dadurch Österreich auf der Grundlage verfassungsmäßigen Lebens konsolidieren helfen und unserm Volk selbst eine neue Bürgschaft für sein deutsches Leben und seine deutsche Gesittung geben." Es war seinem Wesen durchaus entsprechend, daß er das Neue immer an das Alte anschloß, keinen Bruch mit der Vergangenheit, sondern Fortbildung wollte.

Im Übrigen brachte der Aufenthalt in Hermannstadt vielfache Anregung. Für wissenschaftliche Arbeit war zu seinem Bedauern nicht soviel Zeit übrig, als er gern gewünscht hätte, aber der Verkehr mit den Freunden, Theater und Musik und immer wieder der Anblick der Natur und der Gebirge erfrischten Herz und Auge. Und der hier um höchste Güter seines Volks sorgte und kämpfte, vergaß nicht, an die Sorge für Bäumchen und Reben zuhause zu mahnen, bangte wenn der bestimmte Tag nicht Nachricht von dem Wohlbefinden der Lieben brachte oder Krankheit der Kinder gemeldet wurde, konnte mit stillem Sinnen den Kaktus im Bentnerischen Garten bewundern, der nur eine Nacht blühte. Er empfand tiefen Schmerz über die wachsende Spaltung zwischen Hermannstadt und Kronstadt, die besonders durch die Eisenbahnfrage gemehrt wurde, war entrüstet über „die verlogene Tagespresse," die so häufig ihre Aufgabe verkannte, sah mit tiefer Trauer, wie innerhalb der Kirche ein Sturm gegen die neue Verfassung sich — von Seite der Geistlichen — vorbereitete, und konnte doch in heiterm Behagen mit edeln Frauen geistvoll sich unterhalten, Hortensien als seltene Blumen nachhause schicken, der Kinder Bildungsgang auch aus der Ferne leitend und zur Höhe führend überwachen, am deutschen Geistesleben zuletzt immer wieder sich erheben, „dieses ist es, welches unsre Freiheit und Gesittung erhalten hat in dem desertum, wohin die Väter gekommen".

Der Landtag sandte ihn auch in den Reichsrat nach Wien. Zwischen den Schluß des Landtags und die Fahrt nach Wien fielen die Lehramtsprüfungen, die er, seit sie ins Leben getreten, leitete. Es war auch eine Innerarbeit, deren Segen die Schule bald spürte. Daß der wissenschaftliche Geist jener Kreise durch sie vielfache neue Anregung und Förderung erfahren, daß vor allem auch auf diesem Gebiet die neugeschaffene Einheit der Kirche ihren Segen zeigte, empfand man bald.

Der Reichsrat hielt Teutsch vom 1. November 1864 bis Ende Juli 1865, mit kurzen Unterbrechungen in Wien. Die siebenbürgischen Abgeordneten kamen damit in größere Verhältnisse, betraten den vielfach unbekannten Boden einer parlamentarischen Thätigkeit. Die großen Erwartungen wurden bald durch das, was sie sahen, stark herabgestimmt. Das geringe Verständnis für Lebensfragen des Reiches, die Ungenirtheit, mit der wichtigste Fragen vom Parteistandpunkt beurteilt wurden und die Rücksicht auf die Sache einfach beiseite geschoben wurde, war besonders Teutsch ein Greuel. Wohl hatte er ein Verständnis für die Schwierigkeiten der vielen Aufgaben, die zwischen lauter Gegensätzen sich durchwinden sollten. „Aus dem Absolutismus ein konstitutionelles Leben, aus den vielsprachigen historisch-politischen Individualitäten ein einiges Staatsbewußtsein mit Liebe zum gemeinsamen Vaterlande, aus dem ewig auszehrenden Defizit einen geordneten Haushalt zu schaffen, wer das so rasch vermöchte, als es die Not erheischt, gewiß der wäre der Mann des Tages." Aber seiner sittlich ernsten Natur war es unfaßbar, wie bei so großen Dingen andere als sachliche Rücksichten maßgebend sein könnten. Er stand mit dem größern Teil der Sachsen auf Seite der Regierung, abgestoßen von dem oberflächlichen Treiben der Linken und deren geringe politische Einsicht; insbesonders auch das oft so unwahre Lärmen der oppositionslustigen Presse stieß ihn ab. Daß seine Haltung auch zuhause nicht Allen gefiel — er war das von früher her gewohnt.

Der tiefere Einblick in die Verhältnisse ließ übrigens von vorneherein ein dauerndes Vertrauen auf die Entwickelung nicht aufkommen. Die „ungarische Frage" stand von Anfang an drohend vor der Thür und der Minirarbeit jener Kreise, die für die Lösung derselben im Sinn der Gesetze von 1848 thätig waren, mit ihrer Macht, mit ihrer Stellung, ihrem Einfluß standen unsre Abgeordneten machtlos gegenüber. So wuchs ihre Besorgnis, verstärkt durch die Haltung der tonangebenden Politiker der „Liberalen" Österreichs und im März 1865 schrieb Teutsch: „Was hier mehr und mehr an mich herantritt, muß zu den ernstesten Erwägungen stimmen. Ich habe ein Gefühl, wie die an den feuerspeienden Bergen Südamerikas Wohnenden, wenn die Rauchwolke aus dem Krater steigt und tief im Innern der Erde dumpfes Grollen zieht, das un-

behagliche Gefühl allgemeiner Unsicherheit, stets möglicher und drohender
Gefährdung unserer besten Errungenschaften. Namentlich auch der auf kirch=
lichem Gebiete." Er sah in den kommenden Dingen insbesonders eine
Gefahr für sein Volk. Er hatte mit den nächsten Freunden die Über=
zeugung, daß wenn es zum Dualismus käme, sie gerade im Reichsrat
Gelegenheit haben würden, die das Recht des eignen Volkes sichernden
Schritte zu thun. Daß man die siebenbürgischen Abgeordneten dorthin
nicht mehr rufen würde, hat Niemand von ihnen vorausgesetzt, die im
einzelnen zuletzt gespalten waren und sahen, daß die Regierung es mit
der konstitutionellen Form nicht ehrlich meinte.

Bei allen Sorgen und Arbeiten ließ Teutsch auch in jenen wirren
Tagen die Wissenschaft nicht völlig beiseite. Wohl schien ihm, es sei kein
Jahr ihm so unfruchtbar für historische Arbeiten gewesen als jene Zeit,
aber zunächst gab er in Wien mit einigen Freunden die Honterusische
Reformation mit Melanchthons Vorrede aus dem Exemplar der k. Hof=
bibliothek heraus und arbeitete an einer 2. Auflage des Abrisses, oft
mit Hilfe der Nächste, die 1865 erschien. Das 1. Heft geht nur bis
1526, eine Fortsetzung bis zur Gegenwart stand von Anfang an im
Plan. Dabei hoffte und wünschte er auch von diesem Büchlein, daß es
geschichtliche Erkenntnis im Licht der Wahrheit fördere und dadurch zu
geistiger und sittlicher Kräftigung beitrage!

Für das Gemütsleben des tapfern Mannes ist es bezeichnend, daß
die Heimat, die Lieben dort darin die erste Stelle einnahmen. In Fichtners
Abschied im Hofburgtheater sah er ein Bild des eignen Abschieds von
Schäßburg; die schönen Blumen in den Auslagen mahnten an die Rosen
im Garten des Pfarrhofs, „sie sind mir lieber als alle Gewächshäuser
Wiens — schreibt er an die Frau — schon weil deine Augen daneben
sahen und darum die Kinder spielen". Es war ihm besondere Freude,
daß er der Frau bei längerm Besuch die Großstadt zeigen, in den Freundes=
kreis sie einführen konnte, der ihm soviel Anregung bot. Aber Alles,
was er erlebte und erfuhr, es führte ihn zurück auf die tiefern Fragen
des Lebens und der Gedanke stärkte ihn, daß das Glück nicht in äußern
Dingen liege, daß nur das auch im Völkerleben Dauer habe, was auf
sittlichem Boden stehe! Je unerfreulicher sovieles war, was er dort sah,
um so mehr sehnte er sich nach Haus und Amt, „das mir je höher die
Wogen des politischen Lebens gehen, je tiefer ich in die dunkeln Abgründe
desselben hineinschauen darf, um so reiner und ehrwürdiger erscheint und
um so lieber wird".

So kehrte er Ende Juli 1865 nach Agnetheln zurück. Die Arbeiten
des Amtes hätten vollständige Befriedigung geboten. Er sah im Pfarramt
eine Stütze der edelsten Güter unsers Volkstums, besonders da, wo die
Wissenschaft den Träger davor bewahrt, in platte Alltäglichkeit zu ver=
sinken. Sich selbst vor letzterm zu bewahren, trug er fast ängstliche Sorge.
Von Hermannstadt, Kronstadt, Schäßburg gingen fortwährend Bücherpackete
mit der neuen Litteratur nach dem Agnethler Pfarrhof, neben schweren
wissenschaftlichen Werken auch Romane u. ä. Das Beste der belletristischen
Litteratur, besonders historische Romane, war ihm immer lieb und vertraut.

Der Agnethler Pfarrhof war, mehr noch als vor einigen Jahren das Rektorhaus in Schäßburg, Mittelpunkt eines großen Freundeskreises geworden, auch wer aus dem Ausland kam, zog nicht vorbei, ohne einzusprechen; vielseitige Verbindungen besonders mit deutschen Freunden, versuchten immer wieder, das Interesse für dieses verschlagene Volk, für unsre Kirche, unser Kämpfen, unser Leiden zu erwecken. Die Sonntagspredigt in der stattlichen Gemeinde, die andern „zur Höhe" führenden Aufgaben des Amts, der Blick in die Tiefen des Volkslebens, in die Enge und doch in die Tüchtigkeit des Bürgerhauses hat ihn immer erhoben. Er bedauerte am meisten, daß andere Arbeiten ihn so oft fern hielten und zum richtigen Genuß des ländlichen Stilllebens kaum kommen ließen.

Die folgenden Jahre brachten bösen Kampf sowohl auf kirchlichem als auf politischem Gebiet.

Das Ministerium Belcredi, das nach Schmerlings Sturz die bekannte „freie Bahn" für eine neue Entwickelung öffnete, begann auch in Siebenbürgen seine Regierung mit Doppelzüngigkeiten. Am 1. September 1865 wurde der Hermannstädter Landtag, der bisher vertagt worden war, aufgelöst und auf Grund der völlig veralteten Bestimmungen von 1791, die ebenso den Magyaren als der Regierung, die beliebig viele „Regalisten" ernennen konnte, die Mehrheit sicherten, ein Landtag nach Klausenburg ausgeschrieben, dessen einziger Beratungsgegenstand die „Revision" des Unionsgesetzes von 1848 sein sollte. Am 20. September erfolgte die Verkündigung der „freien Bahn", welche „mit Beachtung des legitimen Rechts zur Verständigung führen sollte" und — die Sistierung der Reichsverfassung. Daß mit jener „Revision" nichts anders gemeint war, als eine völlige Vereinigung Siebenbürgens mit Ungarn, hat Niemand bezweifelt.

Teutsch war, mit seinen Gesinnungsgenossen, überzeugt, daß solche Union schwerste Gefahren für die Sachsen, nicht mindere für das „Reich" bringe und darum entschlossen, sie abzuwehren. Die sächsische Nationsuniversität, deren Mitglied Teutsch war, legte in einer Repräsentation vom 6. November 1865 dar, daß zu einer Union nur dann geschritten werde, wenn „alle Verhältnisse durch ein gegenseitiges Übereinkommen beider Länder (Ungarns und Siebenbürgens) in Form eines klaren und unzweideutigen, die unerläßlichen Rechtsbürgschaften darbietenden Gesetzes unter der Sanktion der Krone, endgiltig geordnet sein werden." Den Landtag in Klausenburg, zu dem Teutsch als Regalist gerufen war, hat er nicht besucht. Aber er war eines Sinns mit der Majorität der Sachsen, die dort, unter Rannichers und Gulls Führung, die oben angedeutete Ansicht vertraten. Der Landtag beschloß, da dem Unionsartikel von 1848 die volle Legalität zukomme, demnach ein siebenbürgischer Landtag gar nicht mehr existiere, so könne man sich auf keine Revision einlassen, es sollten vielmehr die Abgeordneten Siebenbürgens zum ungarischen Reichstag einberufen werden, der allein befugt sei, in dieser Frage Gesetze zu geben.

Die sächsische Majorität legte hiegegen Verwahrung und Sondermeinung ein: weil der Unionsartikel nie volle Legalität erlangt, weil der Landtagsbeschluß die pragmatische Sanktion gefährde, die Mehrzahl der Bewohner Siebenbürgens in der Union ernste Gefahren für ihre Nationalität, Sprache und Religion erblicke; sie verlangte, die Bedingungen einer Union sollten durch einen Staatsvertrag festgesetzt werden.

Die aus 6 Mitgliedern bestehende sächsische Minderheit sah die Union als rechtsgiltig an, verlangte aber, es solle der Landtag die „Wünsche, Forderungen und Bedingungen" der Sachsen in Bezug auf die Union zur eignen Sache machen und dem Pester Reichstag „zur Berücksichtigung" empfehlen. Unter jenen Bedingungen waren die Aufrechthaltung der sächsischen Munizipalverfassung, die Unantastbarkeit des Sachsenlandes, die Belassung der deutschen Sprache als Amtssprache bei allen Behörden inmitten der Nation, die Autonomie der ev. Kirche ausdrücklich genannt.

Der Landtag beschloß eine Repräsentation im Sinn jener Minorität und die Krone entschied in ihrem Sinn. Schon am 25. Dezember 1865 „gestattete" sie die Beschickung des ungarischen Krönungslandtags von Siebenbürgen aus, mit der Erklärung, „daß hiedurch die Rechtsbeständigkeit der bisher erlassenen Gesetze keineswegs alteriert werde" und machte die definitive Union „von der gehörigen Berücksichtigung der speziellen Landesinteressen Siebenbürgens und von der Gewährleistung der Rechtsansprüche der verschiedenen Nationalitäten und Konfessionen, von der zweckmäßigen Regelung der administrativen Fragen dieses Landes abhängig." Der Ständepräsident Frh. v. Kemeny aber sprach beim Schluß des Landtags die beruhigenden Worte: „es dürfte kaum ein nüchtern urteilender Bürger in unserm Vaterland sein, in dessen Sinn es gelegen wäre, ... die Institutionen, welche sich aus den eigentümlichen Verhältnissen Siebenbürgens entwickelt haben, die Vereinigung nicht behindern, und welche seit mehr als drei Jahrhunderten mit unsern altehrwürdigen Gebräuchen in unser Fleisch und Blut übergegangen sind, mit einem Male zu vernichten oder die mit der Vereinigung der beiden Länder vereinbarlichen Wünsche der verschiedenen Nationen unsers Vaterlandes nicht zu erfüllen... Wenn die sächsische Nation dies erwägt, so kann sie für sich keinen Nachteil darin erblicken, wenn sie sich unter den unmittelbaren Schutz der ungarischen Krone begiebt, und wenn sie ihre Stellung nüchtern ins Auge faßt, so kann sie auch keine Ursache zu Besorgnissen haben, denn ihr Munizipium bleibt auch bei der Union intakt, ja dadurch daß ihr Recht von ganz Ungarn gestützt wird, wird sie jene glänzende Epoche ihrer Geschichte sich erneuern sehen, welche in die Zeit vor der Trennung unter den ungarischen Königen fällt, aus welcher Zeit ihre schönsten Privilegien und die festen Grundlagen ihres bürgerlichen Wohlstandes herrühren."

Die sächsische Nation aber stand vor der entscheidenden Frage, ob sie nach Pest wählen solle oder nicht. Im Volk nahm die Spaltung über die politische Haltung zum Teil erbitterte Formen an; das zwang, neben der Loyalität der Krone gegenüber, vor allem auch die sächsischen Stühle zu wählen, denn eine Minderheit hätte sich überall für die Wahlen gefunden. Und so wurden die Wahlen überall vorgenommen, überall mit der Erklärung, daß darin kein Beginn der Union zu sehen sei und mit

Verwahrung gegen alle Folgen, die etwa daraus entstünden. Dasselbe that die sächsische Nationsuniversität in einer Repräsentation vom 3. März 1866 in einer staatsrechtlich unanfechtbaren, von fast erschütterndem Ernst getragenen Darlegung; Teutsch war Mitglied der Universität und jener Kommission, die die Repräsentation verfaßte. Der Schenker Stuhl wählte auch ihn nach Pest und so ist er in den Jahren 1866—68 auch Mitglied des ungarischen Reichstags gewesen und hat als Abgeordneter der Krönung beigewohnt, mit zwei andern sächsischen Mitdeputierten die einzigen Abgeordneten in Frack und Zylinder; die letztern hatten von Wien beschafft werden müssen, da sie als deutsches Kleidungsstück damals in Pest nicht zu haben waren. In Pest wohnte er mit Zimmermann zusammen, „ein Leben doppelten geistigen Genusses", in dessen Vorahnung die fürsorgliche Hausfrau des Freundes diesem die Mahnung mitgegeben hatte, nicht die ganze Nacht mit dem Genossen zu reden, sondern ihn auch schlafen zu lassen.

Als die große staatsrechtliche Frage entschieden war, haben sich die Sachsen und hat sich Teutsch mit vollem Bewußtsein ihrer Pflicht und loyal, wie sie es zu thun gewohnt waren, auf den neuen gesetzlichen Boden gestellt. Wenn von magyarischer Seite hie und da behauptet wurde, die Sachsen hätten gegen die Verfassung konspiriert und in geheimer Thätigkeit gegen sie gearbeitet, so kennen sie der Sachsen Wesen, so kannten sie Teutschs Charakter nicht. Die auf dem Hermannstädter Landtag das tiefernste Wort geschrieben: „Wahrheit zu sprechen und das Versprochene zu halten, ist für Fürsten und Völker das höchste Gebot" — konnten sich von diesem Gesetz nicht für entbunden halten. Ihm und den Genossen galt jetzt als erste Pflicht, zum Schutz der nationalen Entwickelung des sächsischen Volkes Alles zu thun, was dauernden Erfolg versprach.

Größerer Wirksamkeit in Pest stand schon die Schwierigkeit der magyarischen Sprache entgegen, die Teutsch in dem für das Parlament erforderlichen Umfang sich anzueignen, nie Gelegenheit gehabt hatte. So sah er denn als seine Aufgabe an, in den leitenden Kreisen der Anschauung Geltung zu verschaffen, daß die Existenz des sächsischen Volkes als eine eigenberechtigte Individualität mit dem ungarischen Staat nicht im Widerspruch stehe, daß das Deutschtum der Sachsen wie vor der Schlacht bei Mohatsch, so auch jetzt eine Stütze des Staats zu sein berufen sei, daß also wer dieses angreife jenen schädige, wie die pflichtmäßige Verteidigung desselben im besten Sinn ein Ausdruck der Treue auch dem Staat gegenüber sei, der gerade in Ungarn doppelt darauf angewiesen sei, wie seine leitenden Politiker in den sechziger Jahren es so oft und eindringlich versprochen, gerecht zu sein gegen alle Nationalitäten. Daß diesem Volkstum neuer schwerster Kampf drohe, war ihm klar. Und dieser Zukunft stand sein Volk wenig gerüstet gegenüber. Wie dem Mangel einer gesinnungstüchtigen Zeitung abzuhelfen, was für kurze Zeit die Kronstädter Zeitung unter Eug. v. Trauschenfels Redaktion gethan, galt wiederholt die sorgenvolle Erwägung der Freunde, die schon im November 1866 den Entschluß reifen ließ, ein Wochenblatt ins Leben zu rufen.

„Immer wieder kommt man zum drückenden Ergebnis der großen Armut an Männern — schrieb er 1866 —. Was ist zu thun, daß eine reichere junge Saat gedeihe; der Gedanke beschäftigt mich oft inmitten meiner fröhlich gedeihenden Bäumchen.", Dazu kam, nicht immer von lautern Motiven geführt, die zunehmende Spaltung im Volk. Es ist die böse Zeit gewesen, wo die persönliche Verbitterung sich verletzend geltend machte, Haß und Verleumdung besonders auch Teutsch traf. Sie haben ihm oft weh gethan, doch ist er nie aus dem sachlich Kämpfenden ein persönlich Streitender geworden. Es kamen Augenblicke, wo er schreiben konnte: „Das ist das Tiefschmerzliche, daß man allmählich die Menschen erbarmen oder verachten lernt, während man sie doch so gern ehren und lieben möchte". Er litt schwer „unter der alten Misere von den kleinen Männern und kleinen Verhältnissen. Sind wir doch fast auf allen Punkten auf abschüssigster Bahn, weil wir immer fragen, was Personen konveniert, nicht was die Sache will". „Doch — fügt er hinzu, bin ich allmählich über den Gang der Dinge zu Macaulayscher Objektivität und großer Gemütsruhe gelangt. Wir sind eben mitten im Sturm der Dinge, der eine Neugestaltung an allen Enden bringen wird, die weit über die Häupter derer hinauswachsen muß, die sich jetzt die Leitenden rühmen. Bleiben wird, was aus sittlichen Wurzeln seine Nahrung zieht".

Die böse Zeit zeigte sich auch auf kirchlichem Gebiet. Die Regimentslosigkeit wich nicht sogleich, auch als das Landeskonsistorium 1861 in die oberste Leitung eintrat, ja noch 1865 konnte innerhalb der Kirche ein neuer Sturmlauf gegen die Verfassung unternommen werden, man durfte eine Zeit lang fürchten, daß eine klerikale Partei Unfrieden in dieselbe zu bringen beflissen sei.

Und doch ruhte auf dieser Kirche ein Teil der Zukunft unseres Volkes!

Umsomehr hielt Teutsch für seine Pflicht, hier im Beruf weiter zu bauen. An den Ufern der Donau hatte er des Tags gedacht, da er 25 Jahre in seinem Dienst stand und dem teilnehmenden Freund (Haltrich) geschrieben: „Mir wolle Gott gnädig den Geist frisch und das Herz frei erhalten und das Meinen wohl; denn will ich versuchen, in dem Gliede fortzugehen, in das eine höhere Hand mich gestellt hat. Mitten unter den Kämpfen und Sorgen der schweren Gegenwart habe ich des Tags gedacht... Neulich, mit dem lieben Freunde, bei dem ich wohne, am Ufer der Donau hinwandelnd, sprachen wir davon; welch eine Reihe von Bildern ging an der Seele vorüber! Und wie tief fühlte ich und wie innig den Dank gegen Gott und nicht am wenigsten dafür, daß er mich des unaussprechlichen Segens gewürdigt hat, jene Lebensbahn in der Mitte und an der Seite der Besten meiner Zeit und meines Volkes zurückzulegen. Was Ihr, Du und Müller mir dabei gewesen seid, seit das Jahr der Umwälzung uns rasch zusammenführte und das gemeinschaftliche Friedenswerk der Schule und das gemeinschaftliche Ringen für die höhern Güter des Lebens von da an immer inniger verband, trage ich tief in treuem Herzen. Gott segne Euch für Euere Liebe und

Freundschaft und lasse uns und unsre Häuser uns bleiben, was wir waren." Der Sommer 1867 brachte die Grundsteinlegung der neuen Agnethler Schule, ein Fest der Erhebung, eine jener stillen Arbeiten, die bestimmt sind, Grund und Eckstein am Bau des Volkstums zu sein. Am 12. Juni 1867 starb in Birthälm Bischof Binder, ein müder Greis im 83. Jahr seines Lebens. Die Todesnachricht traf Teutsch in Pest; dankbar und tiefergriffen dachte er dessen, was der Tote ihm und uns gewesen!

Am 19. September 1867 wählte die Landeskirchenversammlung ihn mit 35 Stimmen von 53 zum Bischof, nachdem 190 Presbyterien ihn vorgeschlagen und 8 Bezirke kandidiert hatten. Sogleich in das Amt eingesetzt, trat er am 28. November 1867 dasselbe an und wurde, nach der Allerhöchsten Bestätigung vom 6. Januar 1868, am 12. November 1868 feierlich in dasselbe eingeführt. Bei der Audienz am 4. Juni 1868 hatte Se. Majestät huldvolle Worte für den neuen Bischof, es sei ihm eine besondere Freude gewesen, ihn zu bestätigen, die Kirche habe keinen Würdigern wählen können und für die Kirche selbst, um deren Schutz das neue Oberhaupt bat.

4.

Das neue Amt hatte zunächst die Übersiedlung von Agnetheln nach Hermannstadt zur Folge, wohin der Bischofssitz nach 296 Jahren wieder zurückverlegt wurde, für Teutsch und sein Haus mit schmerzlichem Abschied von Agnetheln verbunden, das durch die Tüchtigkeit seiner Bewohner, die Liebe, die sie Allen erwiesen, die Freundschaft seiner Besten dem Haus zur zweiten Heimat geworden. Er selbst hatte dort tiefere Blicke in den Wirkungskreis, die Bedeutung und das Wesen des Pfarramts gethan, „daß unser Volk noch ist, verdankt man wesentlich auch ihm" und er hatte das „Volk" besser kennen und immer wieder lieben gelernt. „Es liegt ein großer Segen im evangelischen Pfarramt und eine unerschöpfliche Tüchtigkeit und Schönheit im sächsischen Gemeindeleben", das war der Eindruck, den er gehoben mitnahm.

Das neue Amt aber trat der nicht ganz Fünfzigjährige im vollen Bewußtsein der großen Verantwortung an, die es auferlegte, aber voll Gottvertrauen, daß der Mensch wachse mit seinen größern Zwecken und Gottes Gnade der treuen Arbeit nicht fehlen werde. „Meine Seele ist voll von den erhebenden und erschütternden Eindrücken der Wahl — hatte er an die Frau geschrieben — und dessen, was in ihrem Gefolge war. Ich beuge mich demütig dem, was sein Wille durch die Wahl seiner Kirche über mich verhängt, wiewohl ich nicht dafür kann, daß mein Herz bei dem Hinblick darauf, was jetzt meiner wartet, voll banger Besorgnis schlägt. „Mein Leben in Unruh" wird fortan noch mehr als früher von mir gelten. Doch, sein Wille geschehe!" Vor dem Tag der Wahl aber schrieb ein Freund: „Der 19. September wird über die Aussicht auf

Regeneration und die Gefahr der Versumpfung bestimmen. Ich glaube an das Walten der Vorsehung". Wie der neue Bischof von der Kirche und ihren Aufgaben dachte, das hat er in den ergreifenden Worten ausgesprochen, mit denen er am 19. September die Wahl anzunehmen erklärte: „Sie soll, unbeirrt von dem Streit und Staub des Tages, das Auge gerichtet auf das Eine, was Not thut, und wachsend in ihrer Treue gerade mit den Stürmen der Gegenwart, Mutter und Pflegerin und Schirmerin sein der ewigen Güter des Göttlichen, die dem Volks- und Einzelleben erst den wahren Wert verleihen. Feststehend auf dem Grund, den Niemand anders legen kann, soll sie aus jenem unerschöpflichen, wenn auch von der Leidenschaft und Beschränktheit des Erdensinns so oft getrübten oder verkannten Quell der Gotteserkenntnis schöpfen, was das Dasein reinige, erhebe, beglücke, verkläre, was die kämpfenden Gegensätze auf dem Boden des Ewigwahren versöhne und einige; sie soll die edeln Entwickelungen und Fortschritte der Zeit, die auch Teile des Gottesreiches sind, auch hier zum Verständnis und zur Herrschaft bringen helfen, der Selbstsucht, der Sünde, dem Abfall von Gott wehren und also erlösend dazu beitragen, daß ein Band des Friedens und der Liebe alle Geschlechter der Menschen umschlinge, das Gottesreich, um das wir beten, immer mehr und mehr komme, und wie es seine Bestimmung ist, hienieden schon anfangen Segen zu verbreiten.... Und wenn das Schiff unsrer Kirche... das unverfälschte Gotteswort zum Leitstern, mit der evangelischen Wissenschaft und Schule und Gemeindeverfassung im Bunde, den Zielen ihrer Bestimmung entgegenführt, so können wohl die Wellen hoch gehen und die Stürme brausen, aber das Schiff wird nicht versinken und die Güter, die es trägt, werden nicht untergehn. Denn der Herr auch der Stürme und der Wellen ist Gott und die in seinem Dienst stehen und ihn und sich treu bleiben, die läßt er nicht".

In diesem Sinn ergriff er das Steuer des Schiffs der Kirche und in diesem Sinn ist er fast volle 26 Jahre an demselben gestanden. Und was für Jahre! Das Leben unsers Volks und der Kirche ist in denselben in vielfach neue Bahnen gedrängt worden; daß es sich nicht mit Verlust seines bessern Wesens und seiner höhern Güter bezahlte, das ist in erster Reihe das Verdienst des Bischofs und jener, die ihm zur Seite standen. Und es gehört zu dem Ergreifendsten in diesem reichen Leben, wie es in dieser zweiten Hälfte ungesucht, durch die Macht der Persönlichkeit, in immer weitern Kreisen in seinem Wert erkannt wurde, die Herzen bezwang, die Geister einigte, Volk und Kirche um die edelsten Güter sammelte! Noch wirkte der politische Gegensatz vielerorts nach und ließ die Abneigung gegen den scharfen Gegner nicht leicht überwinden, hie und da fürchtete man sein strenges Regiment und einige Jahre — und wo er erschien, da wars nach dem schönen Freundeswort „wie Maienlicht auf grüner Flur." Er hatte die Gabe, die Menschen, die ihm nahe traten, emporzuheben, mit dem Schwung seiner Seele auch sie aufwärts zu tragen, ihr Gewissen zu schärfen, ihre Arbeitskraft zu mehren, wie Heinze bei der Nachricht von seinem Tode schrieb: „Wohin er den Fuß setzte, gewann er die Herzen, wenn er den Mund öffnete, erhob er die Geister, woran er die Hand legte, dem drückte er den Stempel der Weihe auf." Die Kampfesjahre hatten sein Wesen geläutert, das stürmische Ungestüm der Jugend war größerer Ruhe gewichen, doch die Raschheit des Entschlusses war nicht verringert.

Die nächste Folge der Bischofswahl war, daß er die unmittelbare politische Arbeit als Abgeordneter, die „Gastrollen in Pest" aufgab, um die Arbeiten des Amtes aufzunehmen. Er fand in Hermannstadt als nächsten Mitarbeiter den Sekretären der evangelischen Landeskirche, Franz Gebbel, einen Mann von ungewöhnlicher Bildung und Geistesschärfe, Charakterfestigkeit und Treue. Wie sein scharfes Auge den vor ihm Stehenden zu durchbohren schien, so durchsah er den Menschen und — seine Schwächen und waren sie Folgen schwankenden Charakters, dann kannte er keine Schonung. An Schwung der Seele, in hingebender Begeisterung für die höchsten Güter des Deutschtums und Protestantismus, an Reinheit des Charakters, an Liebe zu seinem Volk, an Zuversicht auf den Sieg des Rechts und des Guten, in der Verachtung alles Hohlen und Gemeinen und Selbstsüchtigen seinem Vorgesetzten gleich, war er ihm in der kühlen Beurteilung der Menschen und der Kenntnis einzelner rechtshistorischer Fragen überlegen. Und diese beiden scharfausgeprägten Naturen haben, in unbegrenzter Hochachtung voreinander, miteinander für Kirche und Volk gearbeitet und gekämpft, daß das altgermanische Treuverhältnis zwischen Häuptling und Gefolgschaft auf modernem Arbeitsfeld neue Gestalt gewonnen zu haben schien. Beide vertrauten einander, auch die tiefsten Falten der Seele öffnete der Freund dem Freunde, sie hatten einander nichts zu verbergen und einer wuchs am andern. Man versucht umsonst festzustellen, wer von Beiden mehr arbeitete, jedem schien doppelte Kraft eigen zu sein. So konnte denn das große Reformwerk in der Kirche weiter geführt werden, das die neue Kirchenverfassung angebahnt hatte, es galt diese Form erst mit Geist, mit Leben zu erfüllen. Zunächst ist ein Kirchenregiment geschaffen worden, das in seiner Spitze Kenntnis nahm von alle dem, was in Kirche und Schule vorging, allem Guten fördernden Anteil zukommen ließ, belebend auf die Schwachen, anspornend auf die Säumigen, stärkend auf die Tapfern wirkte. Das schöne Erziehungswerk, das er als Rektor, dann als Pfarrer geübt, setzte er nun in weiterem Kreis fort, mit dem Ziel Pflichttreue und Gewissenhaftigkeit im Volk zu wecken, in erster Reihe dadurch, daß sie Leitsterne des eigenen Lebens waren! Die „sächsische Kirche", wie die ev. Kirche im Mund des Volkes und früher auch im Gesetz hieß, hat das Glück gehabt, eben mit dieses Volkes Leben aufs innigste verknüpft zu sein. Nun galt es, aufs neue diese Verbindung zu vertiefen, das sächsisch-deutsche Wesen durch den Protestantismus zu reinigen und zu heben und dem Protestantismus deutsche Art und Tiefe zu geben und so das Volk zu läutern, die Geister zur Höhe zu führen, unsern Charakter zu stählen.

In erster Reihe gelang es, die Einheit der Kirche auf Gebieten zu schaffen, die bisher individueller Willkür und Unordnung vielfach Raum geboten. Die Landeskirchenversammlung von 1870 schuf ein einheitliches Eherecht und eine einheitliche Ehegerichtsbarkeit, eine Schulordnung für den Volksschulunterricht, eine Diszipliarordnung, eine Pensionsordnung, lauter bedeutsame Fortschritte, nicht nur in der angedeuteten Richtung, sondern auch gerade in der Einwirkung auf die Erziehung des Volks. Wenn heute unsere Dorfschule, auch die letzte, getragen wird von einer gewissen Ordnung, von einem gewissen Idealismus, die Stellung des Lehrers in der Gemeinde nicht mehr die des letzten Dieners ist, so hat jene Schulordnung daran ihr bleibendes Verdienst. Daß das innere Leben der Kirche gestärkt wurde, das war überhaupt sein Ziel und seine Arbeit. So wurde 1872 eine neue Perikopenreihe herauszugeben beschlossen, weil die Aufgabe der Kirche gerade in der Gegenwart sei, eine der Entwickelung des christlichen Geistes entsprechende und diese möglichst fördernde Bekanntschaft mit der Bibel zu vermitteln und in das rechte Verständnis derselben einzuführen, so arbeitete Teutsch durch mehrere Jahre an der Fertigstellung einer neuen Agende, die jenes innere Leben fördern und die äußere Ordnung der Kirche festigen sollte. Die Arbeiten beweisen, wie sehr das Konsistorium recht hatte, da es im Bericht über die Amtswirksamkeit des 2. Landeskonsistoriums die Verlegung der Superintendentur nach Hermannstadt eine „epochale That" nannte: „von ihr datiert sich erst in der That und in der Wahrheit eine organische Gesamtgemeinde der ev. Landeskirche A. B. in Siebenbürgen."

Darum ist aber auch sofort klar, daß, angesichts des bis dahin fast völlig mangelnden Kirchenregiments, nahezu auf allen Gebieten neue Ordnungen geschaffen werden mußten. Daß solches im Anschluß an das Bestehende geschah, dafür bürgte der historische Sinn des neuen Bischofs.

Aber es ist bekannt, daß das Schaffen oft leichter als das Erhalten ist, und daß es das schwerste ist, dem Geschaffenen all das mitzugeben, was zur Fortdauer und zu dessen Gedeihen erforderlich ist. Es ist ein Kennzeichen für die Tiefe der Arbeit, daß überall auf die Fortentwickelung des Geschaffenen Bedacht genommen wurde. Den Gegenstand oder den Gedanken, den das Konsistorium einmal aufgenommen hatte, ließ es nicht mehr außer Acht. Und was gab es Alles zu ordnen und einzurichten! Von der Kanzlei angefangen, die nichts besaß als den Amtsstempel ohne Prägestock bis zu den innersten Fragen des christlichen ev. Lebens. Wer auch nur äußerlich das Jahrbuch für Vertretung und Verwaltung der ev. Landeskirche ansieht, das 1875 ins Leben gerufen wurde, um entsprechend einer rechten Gemeindekirche Allen den Einblick in die leitenden amtlichen Verordnungen zu ermöglichen, wird erkennen, wie weit und wie tief der Kreis gezogen ist, in dem die Behörde fruchtbare Einwirkung versuchte und erreichte. Der Unterricht der Jugend, der konfirmierten und Schuljugend, die Einrichtung des Gottesdienstes, die Ordnung und Registrierung der Archive, die Abhaltung von Winterleseabenden und Zusammenkünften auf dem Dorf, die Reinhaltung und Verschönerung der Friedhöfe, die Anlegung von Gedenkbüchern, Anweisung zur Führung der verschiedensten Protokolle, — es ist eine lange Reihe verschiedenster Anordnungen, hie und da scheinbar kleinlicher Art, aber immer darauf ausgehend, die allgemeine Ordnung, die sittliche Erziehung zu fördern, für die Schule mit dem Ziel, „sie immer tiefer in den Boden des sittlich-erziehenden und geistig-bildenden Unterrichts wurzeln zu lassen und das Schulwesen namentlich in seinen Hauptzielen und bedeutendsten Aufgaben jenen unheilvollen Mächten der Zufälligkeit zu entrücken, von denen es bisher oft so Schweres zu erleiden hatte." Wohl wurde das Bureaukratische, das vielfach lästig mit den neuen Einrichtungen verbunden war, oft unangenehm empfunden, leider haftet es ja allen modernen Einrichtungen an, aber wenn der betroffene Pfarrer klagen konnte, wie viel Arbeit ihnen doch der Bischof mache, so hatte dieser umgekehrt nicht weniger Recht, mit guter Laune zu erwidern: sie sollten nicht vergessen, wie viel mehr Arbeit sie dem Bischof gäben!

Aber diese Arbeit beschränkte sich nicht auf die papiernen Anordnungen der Kanzlei. Die persönliche Teilnahme, die persönliche Anregung des Bischofs kam als wertvollste Gabe stets dazu. Und wie hat gerade diese Persönlichkeit gewirkt! Die Strenge, die Fernerstehenden früher als vorwiegender Charakterzug in seinem Wesen gegolten, war milderm Urteil gewichen, wo es nicht Selbstsucht und Gemeinheit betraf. Elfmal hat er in 26 Jahren die Landeskirchenversammlung um sich versammelt, jeder seinen Charakter aufgedrückt, bei den individuellen Neigungen unsrer deutschen Natur auch ein Beweis für die Macht seiner Persönlichkeit. Er kannte auch hier jeden Einzelnen, und kannte die Verhältnisse. Auch diese nicht bloß aus Berichten und Schriftstücken, sondern aus eigner Anschauung.

Als die ersten Arbeiten des neuen Amtes vollendet waren, nahm er jene auf, die die Verfassung als „eine der vorzüglichsten Obliegenheiten" des Bischofs bezeichnet, die Generalkirchenvisitationen. Er machte sie zu „allgemeinen" auch in dem Sinn, daß er, der einzige Bischof bisher, alle Gemeinden der Landeskirche persönlich besuchte (eine einzige stand aus, Klein-Lasseln, die wegen einer Epidemie 1881, da der Mediascher Bezirk visitiert wurde, nicht besucht werden durfte und Hermannstadt, wo er ständig seinen Amtssitz hatte). Er visitierte vom 5. Juli bis 12. August 1870 den Bistritzer Bezirk, vom 12. September bis 3. Oktober 1871 Reps, 1872 und 1873 in fünf Abschnitten den Hermannstädter Bezirk, 1874 Sächsisch-Regen, 1875—1876 Mühlbach, 1877—1878 Schelk, 1879 Kronstadt, 1880—1881 Mediasch, 1881 bis 1882 Schenk, 1884—1886 Schäßburg. Er bezeichnet einmal als die Aufgabe dieser Visitationen: „Die Lücken verzäunen und die Wege bessern, daß man da wohnen mag." Das biblische Wort will sagen, daß er nicht kam, wie Viele anfangs meinten als der Vorgesetzte, der nach Fehlern sucht, die er rügen und strafen solle; sondern als der teilnehmende Berater, der die Schwachen trösten und stärken, das Gefallene aufrichten, das sittliche und geistige Leben heben wollte. Es hatte sich bald eine feste Ordnung hiebei gebildet: morgens Empfang durch die reitenden Banderien an der Hattertgrenze, wie schlug sein Herz immer freudig bei diesem Anblick, Begrüßung am Dorfsende und auf dem Pfarrhof, dann Kirchgang und Predigt des Bischofs, wobei die für jede Gemeinde besonders gemachten Studien und die allgemeinen historischen

Kenntnisse ihm außerordentlich gute Dienste leisteten. An ein Bibelwort angeknüpft, stellte sie der Gemeinde ihre Vergangenheit und Gegenwart im großen Bilde, unter dem Gesichtspunkt des Evangeliums, dar und griff, indem sie allgemeine Gedanken und lokale Verhältnisse glücklich mit einander verwob, in der Regel tief in die Herzen. Dann folgte Prüfung der Schule, Sitzung mit der Gemeindevertretung, in der alle möglichen Verhältnisse, die sittlichen und religiösen, die gesellschaftlichen und wirtschaftlichen, Schäden und Leistungen der Gemeinde berührt, behandelt, soweit es möglich war beleuchtet wurden, immer mit dem Gedanken, Dauerndes zu schaffen, Saaten für die Zukunft zu streuen. Spätes Mittagessen, bei dem die Pfarrerin, oft zu ihrem Unbehagen, das aber der freundlichen Unterhaltung des Bischofs bald wich, den Vorsitz führen mußte und stets zu bedauern hatte, wenn ein Übermaß der Tafel den Gast zu ehren bestimmt war — es blieb unberührt stehen. Dann folgte Besichtigung der kirchlichen Gebäude. Keine Turmtreppe war zu schwankend, um betreten zu werden, keine Glocke zu hoch, um die Inschrift zu lesen, und wenn gar irgendwo ein vermauertes Rund=bogenfenster war, so hinderte der jahrhundertalte Staub und Schutt unter dem Kirchendach das Suchen und Finden nicht und verwundert flogen die Falken und Fledermäuse, aus dem Schlaf aufgestört, um die im Halbdunkel Tastenden. War eine alte Burg, eine Fundstätte prä= historischen Lebens in der Nähe, so wurde sie besucht — das Interesse an prähistorischen Forschungen ist gerade durch seine Anregung sehr gemehrt worden — und war der Ort anders nicht zu erreichen, so machte es ihm besondere Freude, das Pferd zu besteigen und hin zu reiten. So sammelte er allerdings einen Schatz von Einzelkenntnissen, die Niemandem zu Gebot standen, jeder alte Kelch mit seiner Inschrift, jeder Altar, jede Urkunde der Kirchenladen, jede Aufzeichnung im Kirchenbuch fand Be= achtung und er konnte diese Zeichen alten Lebens im gewünschten Augen= blick zu geistvollen Beziehungen, zur Beleuchtung von Vergangenheit und Gegenwart verwenden. Der späte Nachmittag war der Visitation der eigentlichen pfarramtlichen Thätigkeit gewidmet, wo er nicht nur die Protokolle einsah, sondern die letzten Jahrgänge der Predigten sich vor= legen ließ, immer mit dem Hinweis auf die alten Synodalbestimmungen gegen die cartacei — d. h. diejenigen, die die Predigt lesen — und gegen diejenigen, die ohne schriftliche Vorbereitung der Eingebung des Augenblicks d. h. nach seiner Auffassung in der Regel der Nachlässigkeit sich überließen. In der Kenntnis der neuen theologischen Litteratur war er allen seinen Pfarrern überlegen, auch hier im stande Rat zu erteilen. Zum Schluß noch eine Besprechung mit Lehrern und Kirchenvätern, die ersten mit ihren Schulheften und Klassenbüchern, die andern mit den Kassenbüchern und =schlüsseln; es war selten vor Mitternacht, daß sie vom späten Abendessen aufstanden, bei dem die Unterhaltung Fragen des Tages und des Amtes berührt, in Ernst und Scherz die Herzen gehoben hatte und das vom Ständchen des Schulchors und der Dorfsliedertafel unter= brochen wurde, wobei der Bischof wieder in warmen beziehungsreichen Worten seinen Dank aussprach. Er war imstande, das Tage, Wochen lang hinter einander zu thun; nie ermüdet, scherzte er über die jüngern Begleiter, die nichts aushalten könnten; nur hie und da wurde ein Ruhetag eingeschoben, vor dem die Kommission oft sich mehr fürchtete als vor dem Arbeitstag, denn da kamen dann erst recht die historischen Forschungen zur Geltung, das Turmbesteigen und Heidengräber suchen, Besichtigung der Burgruinen u. s. w. Und der Mann mit dem weiten Blick und der umfassenden Bildung konnte mit dem kleinen Mann reden wie mit seines Gleichen, daß auch dieser sich gehoben fühlte; denn das rein Menschliche trat dabei immer wieder zutage, die Überzeugung, daß das wahre Glück des Lebens in der Welt des Gemüts liege, in dem reinen Gewissen, in der Kraft der Liebe, die den Einfältigen über den Klugen emporhebt und vor allem in der Macht des Glaubens. Das Alles seinem Volk zu geben, zu erhalten, war ja seine Lebensarbeit. Alle, die mit ihm in Berührung traten, hatten die Empfindung, der Melanchthon einst Luther gegenüber Ausdruck gab: „auch im Dorf würdet ihr ein Oberster, Schultheiß oder erster Knecht über die andern geworden sein!" Das hieß es, wenn der Dorfsrektor nach der Visitation meinte, wenn der Bischof sein Kantor wäre, so würde er in seiner Schule wohl etwas zusammen mit ihm leisten oder der Dorfsbann: der Bischof hätte einen guten Dorfsvorstand gegeben! Bei dem Eindruck, den er machte, wenn man ihn — wie unser Bauer sagt — „mündlich sah", wars erklärlich, wie in seiner Gestalt sichtbar sich die Einheit der Kirche verkörperte, wie die Verehrung und Liebe, die ihm zuteil wurde, ein zusammenhaltendes Band inmitten dieser Kirche ward, fester, stärker als alle Gesetze und Verordnungen.

So hat er die Kirchenverfassung ins Leben eingeführt, ausgestaltet und fortgebildet. So besonders auch auf dem Gebiet der Schule und des Eherechts. Er hatte den Entwurf zur Eheordnung gemacht, je nach den gesammelten Erfahrungen wurden die Lücken ergänzt, das Studium auch dieses Zweiges der deutschen Rechtslitteratur hat ihn fortwährend beschäftigt. Gerade hier sollte das Recht helfen, zur Sitte, zur Sittlichkeit zu erziehen; den vielen Eheprozessen unter dem Volk zu steuern mahnte, trieb, versuchte er immer wieder. Als Vorsitzer des Oberehegerichts der ev. Kirche kannte er diesen Schaden tief. Und doch hielt er dieses Volksleben für gesund und das Herz ging ihm auf bei seinem Anblick, doppelt gehoben durch die Natur des Landes und die schwere Vergangenheit desselben. „Wenn ich die prächtigen Männer- und Frauengestalten — schreibt er nach der Visitation des Bistritzer Bezirks 1870 — im leuchtenden Feierkleid vor mir hatte und auf die ernste Rede des „ehrbaren Manns des Gräfen" antwortete, oder in der Dorfschule den gemischten Knaben- und Mädchenchor singen hörte: O Straßburg, o Straßburg und wieder: Sah ein Knab ein Röslein stehn, oder Ich weiß nicht, was soll es bedeuten, da ist mir die unermeßliche Kraft und Schönheit deutschen Volkslebens in frischem Bilde aufgegangen und dabei zugleich unsere prächtige Kirchenverfassung aufs neue wert geworden." Oder wenn er über die Unterwälder Visitation schreibt: „. . . An einem der Herbstnachmittage stand ich in Petersdorf im Burgring der alten Kirche, den sie seit Jahren schon zum Friedhof umgewandelt; durch die gekuppelten Rundbogenfenster des gewaltigen Turms, an dessen Fuß noch Henningus de villa Petri (Sachsengeschichte I. 99) gespielt, flog kreischend der Falke, während der Strahl der sinkenden Sonne den moosbedeckten Grabstein beleuchtete, der dem Lesenden, fast wehmütig vergegenwärtigte, wie rasch der Humanismus des 16. Jahrhunderts auch hier frische Wurzeln geschlagen. Denn sein Geist spricht aus der Grabschrift des Pfarrers, der dort ruht:

Könnten Thränen und Schmerz zum Leben die Toten erwecken,
Ach so gab Dich das Grab längst schon den Deinen zurück.

„Und wenige Schritte davon jenseits des alten Burggrabens zieht sich im langen Bergsturz weithin kenntlich ein uraltes Gräberfeld mit seinen Aschenschichten und zerbröckelnden Urnenscherben und daran reiht die Römerstraße am Mühlbach hinunter die grade Linie ihres heute noch unzerstörbaren Dammes, die nach Apulum führte. So viele Geschlechter der sterblichen Menschen haben hier an der großen Aufgabe gearbeitet, die dem Ganzen gesetzt ist und die Gegenwart arbeitet so eifrig, um neue Trümmer zu schaffen." Doch tröstet er sich auch hier mit dem 129. Psalm: Sie haben mich oft bedrängt von meiner Jugend an, aber sie haben mich nicht übermocht!

Ja, diese Trümmer! Sie begegnen uns in Teutschs Leben häufig genug und es war ein oft ausgesprochener schmerzlicher Gedanke, daß sein Name mit so vieler Zerstörung verknüpft sein werde. Ich habe ihm darauf stets erwiedert: nein, nicht mit den Trümmern, sondern mit der tapfern Verteidigung der Burg, von der sie herrühren. Es ist die Tragik in seinem Leben, — sie ist zugleich die unsers Volks und unserer Kirche — daß im selben Augenblick, wo man an den Ausbau des kirchlichen und politischen Verfassungslebens ging, uns ein Kampf für die Grundlagen unsers Bestandes aufgezwungen wurde, schwerer als je; bei der Verteidigung der Kirche und Schule und der in ihnen eingeschlossenen höchsten Güter stand naturgemäß der Bischof in erster Reihe.

Das Unionsgesetz vom Jahre 1868 (43 : 1868) hatte im § 14 die grundlegende Bestimmung: „Alle jene Gesetze Siebenbürgens, welche auf siebenbürgischen Gebiet und in den ehemals siebenbürgisch-ungarischen Teilen die Religionsausübungs- und Selbstregierungsfreiheit der gesetzlich inartikulierten Religionsgenossenschaften, Kirchen und Kirchenbehörden, so auch deren Gleichberechtigung, gegenseitige Verhältnisse und beziehungsweise deren Wirkungskreis gewährleisten, werden nicht nur unberührt aufrecht erhalten, sondern gleichzeitig auf die griechisch- und armenisch-katholische, so auch auf die griechisch-orientalische Kirche ausgedehnt". Die ev. Kirche meinte hierin einen Rechtsboden zu haben, so fest, so heilig, daß er unzerstörbar sei. So lang B. Eötvös als Kultusminister an der Spitze stand, traf das zu. Das änderte sich aber, als das Ministerium Tißa ans Ruder kam und Trefort das Kultusministerium übernahm. Kaum ein Gebiet des nach dem Gesetz autonomen Kirchen- und Schullebens ist ohne Angriff, ohne tiefeingreifende Störung geblieben. Diese Angriffe standen nicht allein. Zur selben Zeit vollzog sich der Sturmlauf gegen die politische Verfassung und

Stellung des „Sachsenlandes", der schon 1868, sofort nach Durchführung der Union Siebenbürgens mit Ungarn, begonnen und 1876 in der Zertrümmerung des Sachsenlandes, in der Zerstörung des eigenberechtigten deutschen Munizipallebens des „Königsbodens" seinen Sieg feierte. Das eine wie das andere hatte seinen tiefern Grund in der neuen Doktrin von der Staatsallmacht, die auch in Ungarn als geeignetes Mittel, alles selbständige Leben zurückzudrängen, aufgenommen wurde, dann in der mit der Anschauung der größten ungarischen Könige im Widerspruch stehenden Auffassung, daß in Ungarn neben dem Magyarischen keine andere Nation, keine andere Lebensäußerung ein Recht zum Dasein habe. Dieselben Staatsmänner, die auf Grund des historischen Rechts für Ungarn die selbständige Entwickelung zurückgewonnen hatten, verweigerten die Anerkennung desselben dem sächsischen Volk, der ev. Kirche gegenüber. Teutsch ist dieser Auffassung gegenüber sein Leben lang im Feld gestanden. Er hatte geschworen, das Recht und die Rechte seiner Kirche zu verteidigen, daraus leitete er die formale Verpflichtung zu dieser Haltung ab; dann hatte er die Überzeugung, daß mit jenen Angriffen das deutschnationale und das protestantische Leben seines Volks und seiner Kirche schwer geschädigt wurde, das legte ihm die Mannespflicht auf, die Angriffe abzuwehren; er sah in dem Unfrieden, den all das nach sich zog, in der Schädigung der Kultur, die die Folge war — sie machen eine Wüste und nennen es Frieden — eine Gefahr für den Staat; das gab ihm die Bürgerpflicht, nicht zu schweigen. Furcht hat er in solchen Kämpfen nie gekannt und wo die Pflicht einmal gesprochen, da gabs für ihn kein Schwanken. Zweiunddreißigmal haben diese Sorgen ihn in der Zeit seiner Amtsführung an den Sitz der Regierung geführt, nicht selten zum höchsten Schutz- und Schirmherrn der Kirche, zu Sr. Majestät, wo er mit huldvoller Gnade empfangen wurde.

Aber es war ein Kampf, der „den Göttern nicht gefiel".

Das Jahr 1879 brachte das Gesetz über die obligatorische Einführung des magyarischen Sprachunterrichts in die Volksschulen, 1883 das Mittelschulgesetz, nach jahrelangem Hangen und Bangen, von 1876 an mußte der Kampf um die ungeschmälerte Auszahlung der Staatsdotation, die Se. Majestät am 18. Februar 1861 der ev. Kirche in der Höhe von 16.000 fl. huldvoll gewährt hatte, geführt werden, von 1877 bis 1892 der schwere Kampf gegen die Lostrennung der magyarischen Csangogemeinden von der ev. Kirche, 1890 wehrten wir uns gegen das Gesetz über die Kindergärten und Bewahranstalten, 1892 brachte die Notwendigkeit der Änderung einiger Ausdrücke der Kirchenverfassung und nochmals um die Dotation neuen Kampf — das schwerste Rüstzeug historischer Beweise des formalen Rechts, staatsmännischer Darlegung der Schäden, die für uns, für den Staat eintreten, wird aus Vergangenheit und Gegenwart hervorgeholt, um Unrecht abzuwenden, selten mit Erfolg. Unter den Vorstellungen an Minister, Reichstag, Se. Majestät sind Staatsschriften ersten Rangs; auch der vorurteilsfreie Gegner, der sie nicht billigt, wird ihnen das Zeugnis männlichen Freimuts, unbedingter Wahrheitsliebe, großen und weiten Blicks nicht versagen können.

Bei all den geringen Erfolgen und häufigern Mißerfolgen in diesem Kampf, hat ihn immer ein bewundernswerter Optimismus aufrecht gehalten. Er hat stets daran geglaubt, daß das Recht zuletzt doch den Sieg davon tragen müsse und werde, wenn nur die Berufenen ihre Schuldigkeit thäten, denn „es ist ein ewiges Gesetz der Geschichte, das nichts innerlich Berechtigtes ohne eigenes Verschulden dem Untergang verfallen läßt". Dabei war ihm „die Zähigkeit des deutschen Geistes, seine Arbeitsfreudigkeit, sein Zug zum Idealen, die festgegliederte Ordnung seines Lebens" in unsern Bauerngemeinden mit ein Grund für die Hoffnung, daß dieses Gefüge standhalten und ausdauern werde. Der stillen Macht, die den Dingen und dem Gang der Geschichte innewohnt, vertraute er, wenn die Gegenwart auch düster war. Darin hatte ihn insbesonders das Jahr 1870 bestärkt. „Die Lehren, daß Lüge und Hohlheit und Frevel doch am Ende den eignen Herrn schlagen, sind mit so unvergleichlichen Flammenzeichen in den ehernen Tafeln der Weltgeschichte eingegraben, daß Niemand mehr, der treu an den ewigen Gütern hält, verzweifeln oder kleinmütig werden darf. Das Reich muß uns doch bleiben." Freilich, fügt er hinzu: „Wenn sie weniger in Toasten und kleinlicher Eitelkeit machten und mehr ihre Schuldigkeit thäten, ich meine die Unsern an Kokel, Burzen und sonstigen Gewässern, so stünde es auch hier besser". „Der deutsche Geist tritt in die erste Reihe", hatte er vorahnend schon vor 1870 geschrieben. „Das muß auch uns zu Gute kommen, falls wir desselben nicht unwürdig werden. Darum möchte ich jetzt meinem Volk doppelt ernst zurufen: Kopf oben und die Herzen warm, allerdings auch allen Guten: nun Schulter an Schulter gedrängt, den Gerechten aber muß das Licht immer wieder aufgehen und Freude den frommen Herzen."

Mit der offiziellen Verteidigung der angegriffenen Rechte ging natürlich die publizistische Hand in Hand. Inmitten des schweren Kampfes war endlich das langgefühlte Bedürfnis nach einem unabhängigen Blatt befriedigt worden, die Pensionierung des Konres K. Schmidt hatte den letzten Anstoß gegeben und am 3. Juni 1868 erschien in Hermannstadt die erste Nummer des „Siebenbürgisch=deutschen Wochenblatts". Wir wissen heute, wer der Redakteur, wer die Seele des Ganzen war, Franz Gebbel. Sein Charakter, sein Wesen ist dem Blatt unverkennbar aufgeprägt. Auch Teutsch ist ein Mitarbeiter an dem Blatt gewesen. Insbesonders dann ergriff er das Wort, wenn es galt, irgend einen nationalen Erinnerungstag oder einen Ehrentag deutschen Geistes zu feiern und seinem Volk die Pflichten gegen Volkstum, seine Vergangenheit, seine Zukunft, das Vaterland ans Herz zu legen. Im Jahre 1870 begleitete er im Wochenblatt, neben der unübertroffenen Kriegschronik und der „Wochenchronik" Gebbels, die deutschen Waffen auf ihrem Siegeszug: die ergreifenden Aufsätze über Sedan, Straßburg, Rom sind von ihm geschrieben. Wie spricht aus ihnen sein ganzes Wesen, wenn er „zum 2. September" schreibt: „Das ist das Großartige, das weithin in die dunkle Nacht der Gegenwart mit neuer Hoffnung Aufleuchtende, das die wahrhaft tiefe Weihe der gewaltigen That, daß der geeinigte deutsche Volksgeist es ist, daß die in der Seele dieses Volkes lebendigen und sittlichen Mächte es sind, die die finstern Dämonen gallischen Übermuts . . . mit blutiger Züchtigung niedergeworfen haben", oder als Straßburg in die deutschen Hände fällt: „Uns Sachsen weht vor vielem Andern in Straßburgs Rückkehr in die alte Heimat geradezu ein Hauch der Befriedigung an, der mit aus dem Gefühl der Dankbarkeit entspringt, die wir der Stadt schulden, welche seit der Reformation Menschenalter lang an den Spitzen deutscher Schul- und Geistesbildung stand. Aus ihren Quellen haben damals auch die Söhne unsers Volkes getrunken. . . . Es ist wieder ein altes Unrecht gefallen"!

Das Jahr 1870 hatte bei ihm, wie beim sächsischen Volk überhaupt einen gewaltig erhebenden Eindruck hinterlassen. „Es sind doch noch sittliche Mächte — so faßt er ihn einmal zusammen — die die Geschicke der Völker und Staaten leiten, sie haben das schwere Gericht vollzogen, unter dem jetzt der Lügengeist Frankreichs sich windet und krümmt. Ihre fortwährende Läuterung und Stärkung wird die Aufgabe des neuen Deutschen Reichs sein, dessen Auferstehn wir hier so herzlich begrüßten, wie die Treuen am Rhein und Main." Um so schmerzlicher traf es ihn und Andere, daß die unmittelbare Folge dieser politischen Entwickelung hier der schwerste Angriff auf deutsches Leben war.

Dabei hat er nie übersehn, daß die größte Schuld nicht in den Personen an leitender Stelle liege, sondern im System. „Ja, wenn man es mit den Ministern Szapary, Csaky, Szögenyi, Bethlen zu thun hätte; das sind europäische Menschen, wenn wir auch mit allen ihren Anschauungen nicht immer übereinstimmen. Aber sie verwalten in den seltensten Fällen." Er bedauerte, daß so oft untergeordnete Organe und Männer in den wichtigsten Dingen die Entscheidung hätten, denen gegenüber man sich umsonst auf Nationalitätengesetz und siebenbürgische Religionsgesetze berufe. „Allerdings — wann waren wir von solchen Stürmen verschont!" So konnte er mit vielen der leitenden Staatsmänner in freundschaftlichem Verhältnis stehn, mit Eötvös, Bethlen, dem Kronhüter Vay u. A.

Zu allen schweren Arbeiten des öffentlichen Lebens, die oft Monate lang im voraus alle Zeit besetzt erscheinen ließen: Landeskonsistorialsitzungen, Oberehegericht, Kandidatenprüfungen, Ordinationen u. s. w. stärkte ihn der feste Boden glücklichen Familienlebens. Wie war doch auch das Haus gewachsen, seit der Konrektor in der Baiergasse in Schäßburg zum zweiten Mal die Gattin heimgeführt. Die alte Einfachheit war auch in die neuen Verhältnisse herübergenommen worden, in der Mundart ging ausschließlich der Verkehr im Hause vor sich, zehn Kinder wuchsen heran, die Söhne gingen zur Universität und kehrten wieder, Schwiegersöhne und Schwiegertochter zogen ein, Enkel spielten um die Großeltern, die mindestens Sonntags das „ganze Haus" um sich sahen, am Spiel der Kleinen sich freuten, das Gespräch der Großen förderten und hoben, die jugendliche Lust adelten und mehrten. Zwischen den erwachsenen Kindern und den Eltern hatte sich jene Freundschaft gebildet, die als schönster Schluß den besten Segen dort schafft, wo

Kindesdank und Elternliebe noch in spätern Jahren dem Menschen zuteil wird. Nur allmählich hatten die Kinder erkannt, daß hinter des Vaters ernstem Blick und seiner unbedingten Autorität das Kindergemüt lebendig war, das mit ihnen sich freuen konnte, das sie mit tiefster reinster Liebe umfaßte. Das Hauptfest des Hauses war immer Weihnachten. Ein Hauch unsagbarer Hoheit, Reinheit, von Dank und Wehmut umwob den leuchtenden Tannenbaum, unter dem, wenn die Kinder ihre Gebete gesprochen, der Vater vortrat und bald für Alle bestimmt ein Gedicht las, bald für die Einzelnen einzelne Verse, in denen an die Geschenke ein ernster allgemeiner Gedanke geknüpft war, Lebensweisheit, wie sie aus dem Born reicher Erfahrung floß, in der Regel auf dem Hintergrund des allgemeinen Lebens das einzelne beleuchtete. Ihm stiegen dabei alte Erinnerungen an die Heimgegangenen in der Seele auf: „Der Weihnachtsabend ist wieder da; der goldne Schein heiliger Erinnerungen verklärt sein Bild und je länger die Schatten des Lebens in der hinabsteigenden Sonne werden, um so leuchtender strahlt in seinem Zauber der vergangene Tag. Ich höre im Geist den herzergreifenden Klang der großen Glocke von der alten Lindenhöhe und durchwandle in stillen Gedanken längst vergangene Zeiten, die die Liebe so vieler Heimgegangener schmückte. O du fröhliche, o du selige, gnadenbringende Weihnachtszeit!"....

An das Haus aber hatte sich ein großer Freundeskreis geschlossen, auch die Genossen und Gespielen der Kinder sammelte es gern in sich und beim Aschermittwochkränzchen steckte der Hausherr selbst die Kerzen auf den Luster und sah die eignen Freuden alter Tage vor sich neu erstehen. In Hermannstadt bildete das Haus rasch einen Mittelpunkt edler Geselligkeit, in den Jahren 1875—1879 auch durch musikalische Abende, an denen besonders Teutsch selbst großen Gefallen fand; er liebte Musik besonders Gesang, in erster Reihe das Volkslied, und gab seiner Mitempfindung sichtbaren Ausdruck. Freunde beim Mahl gastfrei bei sich zu sehn, war seiner geselligen Natur Bedürfnis; auch zu längerm Wohnen war das Fremdenzimmer eingerichtet; es hat Jahre gegeben, wo auf jeden Tag durchschnittlich mehrere Gäste kamen, so daß die nimmermüde Hausfrau und die geschäftigten Töchter doch hin und wieder mahnten, es sei in dieser Woche genug gewesen. Doch sorgten sie gern, daß der Tisch immer geschmackvoller, das Haus wohnlicher wurde und der Hausherr freute sich ob solchen Fortschritts, — er mochte auch im Haus nicht altmodisch erscheinen, wie er auf tadellosen Anzug bei sich und Andern sah — wenn jene Fortschritte nur an seinen alten hölzernen Lehnstuhl nicht rührten, den er vor dem Schreibtisch hatte und den er mit einem „schönern" zu vertauschen nicht zu bewegen war. Bei der Tafel aber, die die besten Weine aus dem eignen Keller zierten, die er gern von Andern rühmen hörte und selbst lobte, deren Pflege er aber sorglos den Hausgenossen überließ, war er Mittelpunkt der Unterhaltung, führte das Gespräch, ein unterhaltender Nachbar auch für Frauen, zarte Rücksicht und ritterliche Aufmerksamkeit gegen sie sah er als ein Zeichen der Bildung an und setzte sie nie beiseite. Er hatte sich aus dem nächsten

Freundeskreis bald nach der Übersiedlung nach Hermannstadt einen „Donnerstagabend" zusammengesetzt, der der Lektüre und erfrischendem Gespräch gewidmet war, wobei er, der Nichtraucher, von Kennern empfohlene Zigarren präsentierte und ein Zeichen besondern Wohlwollens dem Freunde die Spitze selbst mit einer eignen Vorrichtung abkniff. Auch hier war er der Beherrscher des Gesprächs, Autorität auf manchen Gebieten, doch immer geneigt, sich belehren zu lassen und begründeten Widerspruch zu hören, mit herzlicher Teilnahme am Schicksal auch Fernerstehenden, immer mit großen Auffassungen und festem Urteil! Und wenn das Gespräch dann weite Bahnen gezogen, heimische und fremde Verhältnisse, Allgemeines und Persönliches, Litteratur und Menschen berührt hatte, dann kam es immer wieder zurück auf die Politik, leider ein schmerzvolles Kapitel durch lange Jahre. Denn Alles ordnete sich ihm zuletzt unter die Frage: dient es zur Hebung unsrer Volkskraft, stützt es unser Recht, stärkt es unser Deutschtum, unsern Protestantismus? Der Verkehr mit den Freunden war ihm, abgesehn von andern, ein Bedürfnis zu seiner eignen Fortbildung und Erhebung: „Wenn ich die Freunde nicht mehr sehen kann — schreibt er einmal — an andern großen Tagen und Werken teilzunehmen, sagen sie, schicke sich nicht für mich, wohl aber für Haynald und Nagy, — so würde es für die Erhebung meines Wesens beinahe angezeigter gewesen sein, wenn ich Rektor oder Pfarrer geblieben wäre." So war es ihm gar erfreulich, wenn zu den alten Freunden neue sich gesellten, oder alte wieder in die Nähe kamen, 1869 Wittstock nach Heltau, 1874 M. Fuß nach Großscheuern, C. Wolff und Fr. Müller nach Hermannstadt. Es ist für Teutsch's Wesen bezeichnend, was für einen Einfluß er auf die Freunde nahm, und so mag Müllers Zeugnis hier Platz finden, der bei dem Antritt des neuen Amtes (der Pfarre in Hermannstadt) dem Freund schreibt: „Überall war es Dein zuversichtlich blickendes Auge und Deine treue Hand, die mich aufrichteten, wo ich allzutrübe auf eigenes und öffentliches Geschick blickend und müde geworden im Kampf mit der eignen Not, mehr als die Pflicht erlaubt zu zagen begann — und so nur blieb ich mir selbst und der Sache, für die wir streiten, erhalten. Du und Dein Haus mit der rastlos und fügsam in manche Entsagung und stark in jeglichem Leide waltenden Hausfrau, ihr habt viel Wohlthat an mir gethan, vielleicht mehr als ihr ahnet... Ich bin bei Euch gewesen nicht nur wie der Freund, sondern wie der Sohn vom Hause und mir ist, indem ich daran denke, daß dieses jetzt einigermaßen anders werden soll, wie dem Kinde zu Mute, das im Begriff den eignen Hausstand zu gründen, auf der Schwelle des Vaterhauses steht..."

Ja, das zuversichtlich blickende Auge und die treue Hand! Das eine erkannte, daß gerade zu unserer Zeit zu allen andern Rüstzeugen, die unser Volk zu stärken und zu schützen im stande seien, immer wieder auch die Wissenschaft kommen müsse und die andere sorgte dafür, daß auch dieses Feuer in unsrer Mitte brenne und trug Jahr für Jahr neue Scheite herzu, es nicht verlöschen zu lassen.

5.

Die wissenschaftlichen Arbeiten der letzten Periode tragen im ganzen den Charakter der frühern, sie wollen, indem sie die Kenntnis der Vergangenheit mehren, das eigne Volk stärken und zugleich das Verständnis für dessen vergangene und gegenwärtige Kämpfe bei Freunden und Gegnern fördern. Zu den schönsten Arbeiten gehört die: „Über die ältesten Schulanfänge und damit gleichzeitige Bildungszustände in Hermannstadt", die aus geringem Material geistvolle Lichtstrahlen auf jenen wichtigen Zweig unsrer Kulturgeschichte wirft und zuerst den Beweis führt, daß die Volksschule hier nicht eine Schöpfung der Reformation ist; dann „Honterus und Kronstadt zu seiner Zeit", wie er sie selbst bescheiden nennt „der Anfang zu einer kritischen Erforschung des Lebens jenes überaus bedeutenden Mannes". Honterus ist durch Teutsch dem Volk wieder nahe gebracht worden, dessen, nach so vielen Richtungen bahnbrechende Arbeit aufgedeckt worden, daß er uns heute mehr ist als ein bloßer Name, eine Person voll Leben, eine Gestalt nicht ein Schemen.

Eine besondere Freude war ihm die neue Ausgabe der Sachsengeschichte. In andrer Weise als in den fünfziger Jahren brachten die Siebziger mit den schweren Angriffen auf sächsisches Recht und Volkstum diesem Gefahr; da war es erklärlich, daß das Bedürfnis nach einer neuen Auflage sich zeigte, der Rückblick in die Vergangenheit Stärkung versprach. Daß S. Hirzel in Leipzig sie in Verlag nahm, war dem Verfasser besonders wertvoll. Sich von Angesicht sehn und kennen zu lernen, ist den beiden Männern, zwischen denen rasch Freundschaftsfäden sich gewoben, trotz beiderseitigem Wunsch nicht vergönnt gewesen. Es traf sich seltsam, daß an die Neuausgabe 1873 wieder unter tiefem innern Schmerz Hand angelegt wurde; im Frühling des Jahres starb dem Haus ein lieber Knabe und mit, um des Schmerzes Herr zu werden, nahm er die neue Bearbeitung auf. Sie brachte ihm Trost und Erhebung, insbesonders auch im Hinblick auf die Fortschritte, die unsre Geschichtsforschung seit 1850 gemacht; sie waren vielfältig mit seinen eignen Arbeiten verbunden. Die Arbeit selbst läßt auch sofort erkennen, wie der Verfasser gewachsen war. Die Kulturgeschichte nimmt einen viel breitern Raum ein als in der 1. Auflage, all die hundert Einzelheiten, die er kennen gelernt, ordnen sich dem großen Bild ein und lebensvoller gerade durch diese Einzelheiten entsteht das Gemälde vor unsern Augen. Dabei läßt der Verfasser stets erkennen, wie er mit diesem Volk und seinen Schicksalen mitfühlt, wie der Anblick der Vergangenheit mit den alten Burgen und den Spuren alter Zeit auf ihn einwirkte. Es giebt kaum eine bezeichnendere Stelle, als die, wo er der Incunabeln der Hermannstädter Kapellenbibliothek gedenkt: „Es ist unmöglich, sich bei dem Anblick dieser bestaubten, wurmzerfressenen Bände, deren manche bei ihrer Größe und Schwere eine volle Mannskraft zur Handhabung erfordern, die in der Gestalt ihrer Buchstaben, in den Abkürzungen der Wörter, ja bisweilen in den Resten der Ketten, mit welchen sie an ihr

Lesepult befestigt waren, so viele Erinnerungen an das Mittelalter an sich tragen — es ist unmöglich, sich bei diesem Anblick eines Gefühls freudiger Rührung zu erwehren. Denn so wie sie sind waren diese Bücher Boten eines neuen Tages" — und die andere Stelle: „Es ist ein seltsam ansprechendes, immer malerisches Bild und dem tiefern Gemüt nie ohne bleibenden Eindruck, diese Verteidigungskirchen so oft wiederkehrend in der ganzen Länge des südlichen Sachsenlandes, wenn aus den Bäumen des grünen Hügels, um den das stille Dorf gelagert ist, die graue Burgmauer herunterfieht und über ihr die Spitz= bogenfenster des Gotteshauses in der Abendsonne funkeln, die die letzten leuchtenden Strahlen durch die Schießscharten des Chorturms sendet, von dem die Glocke eben zur Ruhe läutet. Ihre verschwebenden Klänge deuten erst recht, was einst Alles ihre alte Inschrift gewollt: o König der Ehren komm mit dem Frieden."

Aber nicht nur innerlich, auch in der Form zeigt die neue Auflage einen Fortschritt. Die Anklänge an Zschokke sind fast alle verschwunden, das gemachte altertümliche ist modernisiert, der Einfluß der neuern deutschen Geschichtsschreibung tritt dabei zutage, allerdings, wie das bei selbständigen Naturen zu geschehen pflegt, nicht als einfache Nachahmung. Er selbst hielt Ranke, Macaulay und „den Altmeister und Obristen Tacitus" für die bedeutendsten Geschichtsschreiber. Auch die 2. Auflage geht leider nur bis 1699. Zunächst wollte er den „Abriß" weiter führen. Am 20. März 1877 begann er die Bearbeitung des 2. Hefts; die Arbeit sollte bis 1791, dann bis zur Gegenwart geführt werden und ihr die Fortsetzung der Sachsengeschichte folgen. Aber auch der Abriß ist bei 1699 stehn geblieben und erst aus dem Nachlaß herausgegeben worden. „Wenn ich nichts zu thun hätte, wie wollte ich dann erst fleißig sein", konnte er scherzend klagen, aber er fühlte es schmerzlich, daß soviel gute Kraft, die zum Aufbau besser gewesen wäre, zur Verteidigung verwendet werden mußte. „Ja diese alte, liebgewordene Arbeit, wer könnte sie missen im drückenden Gleichmaß des immer mehr ins Gemeine herab= sinkenden Tages. Nur mich drängt die herbe Notwendigkeit des immer heißer werdenden Kampfes um edelste Lebensgüter immer weiter vom stillen Boden jener Arbeit ab; seit drei Jahren ist jeder Winter bestimmt zur Vollendung einer neuen Auflage vom „Abriß der Geschichte Sieben= bürgens" und immer hindert der Anbruch neuen Kampfgewühls die ersehnte Vollendung." Denn — schreibt er ein ander Mal um dieselbe Zeit — er sei wie der Soldat vor dem Feind. „Weit vorn im Schützen= graben steht er und muß fast jeden Augenblick hinaus, hier des Gegners Stellung zu erkunden, dort des giftigen Angriffs Anprall abzuwehren und dann wieder daheim die stille Arbeit der Heilung, des Aufbaues, weiterer Rüstung mit hoffnungsstarkem Geiste zu treiben." Dringend nötig erschien ihm, gerade auch um des Kampfes willen, in dem das Volk mitten drin stand, eine Geschichte der Sachsen von 1848 an, „hätte ich drei Monate Zeit, ich schriebe die Geschichte" — aber die „Zeit" fehlte ihm dazu. Doch ganz unbehandelt ist sie nicht geblieben.

Seit der Verein für siebenbürgische Landeskunde 1869 ihn zum Vorstand gewählt hatte, lag ihm die Eröffnungsrede bei den jährlichen Hauptversammlungen ob und in diesen bot er Jahre lang „Denkreden" auf die jüngst verstorbenen hervorragendern Mitglieder, in denen er zugleich die Zeitgeschichte zeichnete. Es sind nicht weniger als 15, deren Andenken er in dieser Art ehrte: Johann Karl Schuller, Martin Reschner, Josef Trausch, Karl Fuß, Gustav Seivert, Josef Fabini, G. P. Binder, Josef Wächter, Samuel Schiel, C. Gooß und Michael Schuller, G. Fr. Marienburg, Michael Fuß, Fr. Fr. Fronius, Josef Haltrich. Den Anfang machte die „Rückschau" auf die 30=jährige Thätigkeit des Vereins für siebenbürgische Landeskunde, ein lebendiges Bild der geistig bewegten vierziger Jahre unsers Jahrhunderts (1871), dann folgten fast ununterbrochen jene geist= und gemütvollen Zeichnungen verstorbener Freunde, die er Alle gekannt, die er in ihrem tiefsten Wesen erfaßte und mit den Leistungen, die mit ihrem Leben verbunden waren, mit der Zeit, die sie mitgeholfen hatten zu gestalten, nun in lebensvollem Bilde den Volksgenossen vor die Seele stellte. In meisterhafter Weise verstand er es, die Einzelzüge in das allgemeine Bild hineinzuweben, durch Lokalton und charakteristische Färbung die rechte Stimmung hervorzurufen, daß der Hörer und Leser unwillkürlich sprechen muß: so war der Mann, den er schildert! Dabei hielten sich diese Denkreden an das tiefe Goethesche Wort: „Nicht was sie gefehlt und gelitten, sondern was sie geleistet und gethan, beschäftige die Hinterbliebenen. An den Fehlern erkennt man den Menschen; an den Vorzügen den Einzelnen. Mängel haben wir Alle gemein, die Tugenden gehören jedem besonders." Der Natur der Sache nach zeichnen sie in erster Reihe die geistig=wissenschaftliche Arbeit des 19. Jahrhunderts, aber nicht ausschließlich, da die Männer, die sie behandeln, auch auf andern Lebensgebieten thätig gewesen sind. Dabei klingt die persönliche Teilnahme immer wieder durch: „Es ist schwer, wenn in dem Krieg auf Tod und Leben, der immer neue Sturmscharen gegen uns sendet, die Besten rechts und links fallen und fast noch schwerer, daß da immer ein Stück des eignen Herzens mitgeht in tausend Erinnerungen an vergangene schöne Tage gemeinsamer Arbeit für die idealen Güter." Aber nicht der persönliche Schmerz überwiegt darin, sondern die Freude, daß unser Volk solche Männer gehabt und daß es Pflicht sei, ihr Andenken zu erhalten, denn „die Erinnerung an die Tugenden Heimgegangener ist auch eine Wurzel des Lebens für die Geschlechter, die noch im Licht und Streit des Tages wandeln, für uns insbesondere, denen, wohin wir auch blicken mögen, allüberall der Segen der Väter das Haus gebaut." Einmal greifen diese Denkreden auch in ältere Zeit zurück, auf Schesäus († 1585) und Joh. Seivert († 1785).

Als Ergänzung traten zu diesen die Lebensdarstellungen der Sachsen, die in der Allgemeinen Deutschen Biographie Aufnahme gefunden, die weitaus größte Zahl ist von G. D. Teutsch bearbeitet. „Ein Handbuch unserer neuern Geschichte" nannte er diese einmal und in der That, wie die Auswahl von dem Gesichtspunkt getroffen worden ist, die verschiedenen Seiten unsers Lebens zur Darstellung zu bringen, so kommt darin fast unser gesamtes Leben zur Anschauung. Auch diese, oft kurzen, Blätter sind Früchte tiefgehenden Studiums und enthalten viel Neues und Unbekanntes.

Der echte Historiker zeigte sich in Teutsch auch darin, daß er keine besondere Vorliebe für irgend einen Zeitraum hegte, die hingebende Begeisterung war allen Zeiten gegenüber die gleiche. Zur selben Zeit, da er die Denkreden hielt, arbeitete er am 2. Band des Urkundenbuchs der ev. Landeskirche, der unter dem Titel: „Die Synodalverhandlungen der ev. Landeskirche A. B. in Siebenbürgen im Reformationsjahrhundert" „zur Feier des 400-jährigen Geburtstags von Dr. Martin Luther" vom Landeskonsistorium als Festschrift herausgegeben wurde. Sie ist „den seit Jahrhunderten aus Siebenbürgen besuchten deutschen Universitäten zu einem Zeichen tief-herzlichen Dankes für reiche Segensfülle in Wissenschaft, Glauben, Gesittung" gewidmet, und in der Vorrede rauscht die edle Begeisterung des Lutherjahrs, wo sie darauf hinweist, die Feier jenes Tages, der auch diese Festschrift galt, wolle den Manen Luthers einen geringen Zoll der Dankbarkeit unsrer Kirche abstatten, „damit zugleich Zeugnis ablegend von dem lebendigen Bewußtsein ihrer innern Zugehörigkeit zu jener heiligen christlichen Kirche, von der die Augsburger Konfession so gewaltig redet. Denn als die Zeit erfüllt war, hat das in dieser fernen Landeskirche lebende und in ihr seiner Seele Frieden suchende Volk durch Gottes Gnade auch einen Hauch seines Geistes gespürt und ist, eintretend in den Segen der von seiner Geistes- und Gewissensarbeit ausgegangenen Kirchenverbesserung, teilhaftig geworden der reichen Schätze, der Gaben und Gnaden, die davon nun einmal unzertrennlich sind." Sie zeichnet die wissenschaftliche Bedeutung der Arbeit und die Auffassung der großen Bewegung, wie der Verfasser sie ansah, in den Worten: „Es sind die innersten Regungen der Volksseele, die sich in den Verhandlungen und Beschlüssen unsrer Synoden im Reformationsjahrhundert widerspiegeln. Der tiefere Gang jener großen geistigen und sittlich-religiösen Wiedergeburt, die auch in unserm Volk den Staat, die Gesellschaft, die Familie umgestaltet, dem Leben einen neuen edlern Inhalt gab, ihm neue höhere Ziele wies, es zu den ewig frischen Quellen wahrhafter Frömmigkeit führte, erhält in ihnen vielfache, das rechte Verständnis überaus fördernde Beleuchtung; in dem ergreifenden Ringen der erhaltenden und zerstörenden Mächte, das in jenen Urkunden seinen Ausdruck findet, in der stillen, pflichtfreudigen, tiefernsten Arbeit der Geister und Gewissen für die höchsten erkannten Güter des Lebens, die dort überall hervortritt, stellt sich uns das große geschichtliche Gesetz unsers Volkslebens dar, das mit unserm Reformator spricht: hier stehe ich und kann nicht anders."

Das Lutherjahr war ihm eine Quelle dauernder Erhebung, nicht nur durch die Litteratur des reichen Jahrs, die er in seiner eignen Weise umfassend kennen lernte, sondern vor allem durch die Art der Feier in unsrer Mitte. Von ihm war die Anregung dazu ausgegangen, er leitete sie inmitten der Landeskirche ein und als diese hinter den Einzelfeiern in den Gemeinden die Gesamtfeier am 10. und 11. November in Hermannstadt veranstaltete, der Bischof die Festpredigt hielt und das Lutherhaus und die Johanniskirche einweihte, da bekamen auch nüchterne Gemüter eine Ahnung von der Macht der Gedanken, die im Protestantismus ruhn und da er beim Festmahl das mahnende Wort von der Einmütigkeit der Pflichterfüllung sprach, da hatten die vielen Anwesenden das Gefühl, wie doch die Lebensarbeit dieses Mannes mit helfe, daß der Lebensstrom nicht abrinne, sondern hafte im Boden unsrer Volksseele, und ihn zu einer Saat und Ernte bereite, würdig jener Luthertage. Gewiß Niemand wollte einen Andern in den Mittelpunkt jener Tage stellen als Luther und die geisterbefreiende That des Gottesmanns, aber daß es in solcher Weise geschah, daß die Einheit der Kirche in so ergreifender Weise zutage trat, dazu hatte der sächsische Bischof sichtbarlich mitgeholfen.

Neben den unmittelbaren wissenschaftlichen Arbeiten fand er Zeit, eine ganze Anzahl kleinerer Mitteilungen, Anregungen, vor allem auch Anzeigen bedeutender deutscher und magyarischer Werke zu schreiben, so daß er auch damit ein Vermittler zwischen unsrer und der deutschen und magyarischen Wissenschaft wurde. Mit Vielen in Deutschland stand er in persönlichem und brieflichem Verkehr, immer hoch erfreut, wenn von den Freunden einer die weite Reise hieher wagte, zu der er unablässig mahnte — so Mommsen 1857, Pastor Alt 1858, Wattenbach 1869 und 1881, Jannasch 1880, Dr. Vormeng 1883, Weber, Fricke und Cuny 1884, Kiepert 1886, Treitschke 1887, Dr. Devrient 1888, u. A. — mit den einheimischen Gelehrten Szabo († 1890), Szilagyi, Torma u. A. verband ihn Hochachtung und Freundschaft. Die Arbeiten des Vereins für siebenbürgische Landeskunde, in dem unser wissenschaftliches Leben seinen Mittelpunkt findet, sind seit 1869 wesentlich von ihm getragen worden. „Eine aus den Quellen geschöpfte Geschichte des 18. Jahrhunderts — schreibt er noch 1891 — thut uns außerordentlich not. Auch eine sächsische Geschichte von 1700 an in Biographien wäre ein gutes Werk, für Bürger und Bauer im Winter eine Stärkung, für die Jugend ein Hinweis auf die Höhe." So mußte er jeden Augenblick neue Ziele zu stecken, zur Arbeit nach den alten zu mahnen, nicht immer ein bequemer Freund, wenn er rastlos drängte, wo er die Kraft zur Arbeit vermutete und die Leistungsfähigkeit Andrer immer an der eignen maß. So ist er der stille Mitarbeiter an allen unsern wissenschaftlichen Arbeiten des letzten Menschenalters geworden, soweit sie in das Gebiet der Geschichte einschlugen; der tastende Kandidat, der gereifte Forscher fragten bei ihm an und beide waren der Förderung sicher. Wie die Resultate unsrer gelehrten wissenschaftlichen Arbeit dem Volksleben zu vermitteln, den breiten Schichten des Bürgers und Bauern zugänglich zu machen seien, das war ein Gedanke, der ihn oft beschäftigte. Ihm sollten die bildlichen Darstellungen aus unserer Geschichte dienen, deren erste auf seine Anregung G. Bleibtreu entworfen: Die Einwanderung der Sachsen unter König Geisa II. So wird er, angesichts dieser umfassenden historischen Thätigkeit, in der That, wie der Dichter ihn zeichnet,

Der
„Alte Thore, alte Thüren aufgeriegelt,
Daß sie klirrten in den Angeln,
Und in mächtig hohem Bogen
Dehnten weit sich vor den Augen,
Hallen gleich, ehrwürdig, mächtig,
Die Jahrhunderte, die reichen,
Der Geschichte unsers Volks."
Da lernten wir des eignen Daseins Wesen erkennen,
„erkannten
Uns als Erben unsrer Väter,
Und so fanden wir die alte Heimat nun aufs neue wieder."

Sonnige Tage waren ihm immer die Generalversammlungen des Vereins für siebenbürgische Landeskunde, denen er seit 1867, mehr noch seit 1869 sein Gepräge aufdrückte. Diese Vereinigung der Besten des Volks an solchem Tage hob seine Seele; freudig begrüßte er jeden als Mitarbeiter, der oft nicht viel mehr als den guten Willen mitbrachte, erkannte jede Leistung gern und neidlos an und wenn er dann in der Eröffnungsrede die Geister gehoben, beim Festmahl die Stimmung durch kräftigen Spruch erhöht, in den Sektionen ebenso gern gehört hatte, was Andere brachten als selbst wieder Manches geboten, dann fehlte er nicht bei der Liedertafel, auf dem Ball, beim Kommers, und wenn der Bischof sich erhob, mit flammenden Worten des Landesfürsten, der deutschen Wissenschaft, des deutschen Liedes, der Frauen, des Vaterlandes, der Pflicht zu gedenken, da waren das Höhepunkte des Festes, deren Nachklang unvergeßlich im Herzen blieb.

Er wurde noch mehr Mittelpunkt jener Vereinsversammlungen, als die Leitung des Gustav-Adolf-Vereins, dem er immer nah gestanden, 1883 nach Hermannstadt übertragen wurde und auf ihn auch formell überging. Schon 1882 war ihm die Freude und Ehre zuteil geworden, auf der Versammlung in Leipzig, bei der Feier des 50-jährigen Bestandes des Vereins, in den Zentralvorstand gewählt zu werden. Die neuen Beziehungen, in die jene Wahl ihn zu den theologischen Kreisen — Fricke, Gerok, Rogge, Nippold, Voigdt, Zäringer, Hermens u. A. und den weltlichen Angehörigen des Vorstands wie von der Goltz, Gröben u. s. f. führten, sind ihm eine Quelle unendlicher Erhebung geworden, auch darum, weil sie ihn nun neun Jahre hintereinander nach Deutschland zu den Hauptversammlungen führten, 1882 nach Leipzig, 1883 nach Lübeck, 1884 Wiesbaden, 1885 Eisenach, 1886 Düsseldorf, 1887 Nürnberg, 1888 Halle, 1889 Danzig, 1890 nach Mannheim, wobei er das „Reich" auch in jenen Teilen kennen lernte, die er früher nicht besucht hatte. Jede dieser Fahrten ist ihm eine Erfrischung gewesen. Man kannte ihn nun dort, den jungen Greis mit seinen leuchtenden Augen und wenn er mit dem eignen siebenbürgischen Accent, der dem deutschen Ohr doch fremd klingt, das Begrüßungswort sprach oder beim Festmahl die Ehren der Stadt pries, in der der Verein tagte, aus alten Häusern und historischen Überlieferungen dem Bild der Gegenwart den scharfen Hintergrund zeichnend, auch nach anstrengenden Sitzungen immer aufgeräumt und bereit, geistvolles Gespräch vertiefend weiter zu führen, da gewannen sie auch dort sofort den Eindruck, dieser ernste und doch wieder heitere Mann, der große Gelehrte und freundliche Mensch, der Politiker und Kenner der Vergangenheit, der Freund edler Frauen und schöner Blumen mit seiner durchaus vornehmen Gesinnung sei kein gewöhnlicher Mann. Diesen deutschen Fahrten, den sich täglich erweiternden Beziehungen zu hundert und hundert Menschen, — er war ein Meister auch im Reisen, das Kennenlernen neuer Menschen, das Suchen nach siebenbürgischen Werken auf alten Bibliotheken, Theater und Musik, Kunst und Gartenanlagen, waren ihm in gleicher Weise interessant und nie zu viel — verdankt unser Volk, daß es in den letzten Jahren in Deutschland bekannter geworden, daß das Interesse an unserm Schicksal wuchs, die Teilnahme sich mehrte, das Verständnis für unsere Lage allgemeiner wurde.

Kehrte er dann heim, dann konnte er nicht nur aus den genau geführten Aufzeichnungen alle interessanten Begegnungen, Bekanntschaften, Erlebnisse prächtig schildern, er wußte auch der eignen Arbeit nutzbar zu machen, was er Neues gesehn und gelernt hatte. Manches, was genügt hätte, eines Andern Leben zu füllen, war bei ihm nur Arbeit neben dem Beruf. Wie ernst er es mit diesem immer nahm, dafür zeugt auch die Treue im kleinen, an der er es, wie einst als Lehrer, nie fehlen ließ. Wie er nie einen Akt unterschrieb, ohne ihn revidiert und gelesen zu haben, nie eine Erledigung gab, ohne vorher die Vorakten genau zu durcharbeiten, so hat er zu den Ordinationen sich so eingehend vorbereitet, wie kaum der Ordinand. Gerade bei dieser Amtshandlung wollte er gern sein Bestes leisten. Der Gedanke beschäftigte ihn viel, wie sie einzurichten sei, um dem jungen Boten des Evangeliums eine dauernde Wegzehrung mitzugeben. Er sah im Christentum nicht eine bloße Lehre sondern eine Gotteskraft zum Leben, die sich eben im Leben bewähren solle. Der Protestantismus hat es frei von Menschensatzungen gemacht, ihm verdankt die Welt auf allen Gebieten, auf dem staatlichen und wissenschaftlichen, dem der Schule und der Gesellschaft das Beste und Edelste, was wir besitzen. Im Mittelpunkt der Religion steht aber Jesus Christus. „Ziehet an den Herrn Jesum Christum, darin ist der Anfang und die Vollendung des Christentums begriffen." Diesem gilt es immer näher zu kommen, ausgerüstet mit den Mitteln der Wissenschaft, die geisterbefreiend und geisterlösend selbst ein Teil des Göttlichen ist und die Menschen diesem näher bringt. Daß unsere Kirche sich nicht im Gegensatz zur Wissenschaft stellt, war ihm eine stete Freude, daß eine Vertiefung des religiösen Lebens in unserm Volk notwendig sei, eine schmerzliche Erkenntnis. Er hoffte sie von tüchtigen Pfarrern, die im theologischen Fach fest und gebildet im Amt und auf der Kanzel ihre Schuldigkeit thäten.

Der Mann aber, mit dem nie ruhenden Trieb nach eigner Fortbildung, dem umfassenden Interesse an allem, was die Wissenschaft und das Leben bewegte, war an der Schwelle jener Jahre angelangt, wo das Psalmwort an das Ende mahnt. Mit dem Bibelwort: Lobe den Herrn meine Seele und vergiß nicht, was er dir Gutes gethan (Ps. 103, 2.) und dem andern (Pf. 90, 2.): Herr Gott, du bist unsre Zuflucht für und für, war er ins 70=ste Jahr eingetreten, in ernst=freudiger und tief=dankbarer Stimmung, der er in einem Brief an die ferne Tochter schönen Ausdruck gab: „Mein guter Vater wurde im 52. Lebensjahr heimgerufen, als ich eben 1 Jahr auf der Universität zugebracht; mir hat Gottes Gnade so viel mehr Erdentage gegeben und was beinahe noch höher zu preisen, von den natürlichen Beschwerden des Alters mich bisher fast gar nichts spüren lassen, der so lange und so schwer kranken Mutter die alte Gesundheit fast ganz widergeschenkt und mir — gute Kinder gegeben. Laß uns dem treuen Helfer oben auch weiterhin vertrauen." Die Kirche aber und das Volk, das seine Arbeit kannte und denen sein Herz gehörte, wollten den Tag nicht vorübergehn lassen, ohne ihrer Liebe auch äußern Ausdruck zu verleihn. So feierten sie denn den 12. Dezember 1887 in Hermannstadt in tiefergreifender Weise, wie aus dem Herzen quellender Dank es ihnen eingab; Stiftungen, Glückwünsche aus der Nähe und aus der Ferne legten dafür Zeugnis ab, was er ihnen galt. Beim Festmahl aber gab sein langjähriger Freund, der jüngere Genosse und Mitarbeiter Dr. Fr. Müller der Hochachtung und Liebe der Kirche Ausdruck: der Jubilar sei eine Geschichte oder eine Summe von Gedanken, die keiner Auslegung bedürfen. Die vier Jahrzehnte, die er gewirkt, seien nicht zu denken ohne ihn, die Zukunft nicht ohne die Gedanken, für die er gekämpft. Er habe eine Lebensarbeit daran gesetzt, daß Recht Recht bleibe, Ehre und Treue seine Arbeit vergeistigt; wer sie angreife, greife sein Volk an, wer ihn untreu schilt, schelte sein Volk untreu, unser Gelöbnis sei darum, fest und treu zu ihm zu stehn, so lange er unter uns wandelt! Und als unter den zahlreichen Grüßen des In- und Auslandes die Verleihung des Ordens vom Herzog Ernst von Sachsen mitgeteilt wurde, da kannte der Jubel keine Grenzen, und als am folgenden Tag die zweite höhere Auszeichnung vom Großherzog zu Sachsen bekannt wurde, da hatte die Kirche und das sächsische Volk die Empfindung, in ihrem Bischof sich selbst und die Lebensgüter geehrt zu sehn, denen seine Lebensarbeit galt. Er selbst ist nicht müde geworden, diese Auszeichnungen und die früherer Jahre — die Verleihung des Dr. theol. von Jena 1882, Dr. jur. von Berlin 1884, Mitgliedschaft der baierischen Akademie der Wissenschaften und der Göttinger Gesellschaft für Kirchenrecht, sowie der ungarischen Landeskommission für Kunstdenkmäler, die Widmung von Wattenbachs: Deutsches Schriftwesen im Mittelalter, „dem Stolz und der Zierde seines Volks", das Ehrenbürgerrecht Hermannstadts u. A. m., mehr seinem Volk und seiner Kirche als ihm geltend anzusehn, doch dienten sie ihm zu persönlicher Kraftanregung. Tief ergriffen schrieb er nach jenen Tagen: „Ich empfand, welch eine große unverdiente Gnade Gottes es ist, daß er mich so vielen Trefflichen nahe geführt und einen Hauch ihres Geistes hat spüren lassen. Die vielen Zeichen des Wohlwollens so vieler Besten aus dem Mutterlande haben nicht nur in meine sondern in die Seele meines Volks tief gegriffen und seine Kraft und Ausdauer in dem noch immer nicht enden wollenden Kampf für sein nationales

Leben mächtig gestärkt." Auch die huldvolle Gnade, mit der Se. k.
Hoheit der Großherzog von Sachsen „als ev. Christ und als Nachkomme
deutscher Fürsten, die für den ev. Glauben gekämpft und gelitten haben",
ihm „dem verdienstvollen Leiter der ev. Kirche und Schule, dem ein=
sichtigen Vertreter deutscher Wissenschaft und deutscher Kultur in Sieben=
bürgen" die hohe Auszeichnung verlieh, nahm er im selben Sinn auf,
in dieser „fühlt zugleich meine Kirche, mein Volk sich hochgeehrt und
gestärkt in seiner Treue für seine angestammten Lebensgüter." Die Ein=
drücke des Tags aber faßte er in die schönen Worte zusammen: „Ich
könnte es nicht ertragen, ohne die erquickende Zuversicht, daß sie nicht
einer vergänglichen Person, sondern der heiligen Sache gelten, in deren
Dienst mit so vielen andern Treuen der Herr sie gestellt hat" und: „Mich
insbesonders haben die erhebenden Tage allerdings auch tief demütig
gestimmt. Ich dachte immer und immer an Blüchers schönes Wort,
das der prächtige Mann, als man ihn einst wieder sehr lobte, sprach: ihm
gebühre der geringste Teil von all dem Ruhm; seine Tollkühnheit,
Gneisenaus Besonnenheit und des großen Gottes Barmherzigkeit, die
hätten es gethan. Daß die Teilnahme in ihrem tiefsten Grunde, ins=
besonders auch die ergreifende aus Deutschland, den Ideen, der Natio=
nalität galt, für die unser Volk jetzt so schwer kämpft und leidet, das
hat mich und Tausende insbesonders erhoben und zu neuem Ausharren
gestärkt."

Solche Erhebung war ihm in jenen Jahren eine doppelte Wohl=
that, wo er doch zuweilen die Empfindung hatte, als werde es einsamer
um ihn und die Erinnerung an vergangene Zeiten ihren Zauber um
ihn wob. Eine Menge Freunde waren geschieden, von den Treuesten
einer J. Haltrich 1886, da traf ihn tief schmerzlich im Sommer 1891,
nachdem er drei Monate früher das „ganze Haus", auch die fernen
Kinder alle, um sich versammelt gesehn hatte — das erste und letzte
Mal seit sie aus dem Haus hinausgezogen waren, — der plötzliche Tod
einer Tochter; fast wollte er darunter zusammenbrechen, aber er
trug glaubensstark und still das Leid, auf den Enkel, den die
Tochter zurückgelassen, die volle Liebe übertragend und an dessen Ent=
wickelung die Seele erfrischend. Er gewann die alte Spannkraft bald
wieder, als er bald darauf in Bistritz, bei Anwesenheit Sr. Majestät
dem erlauchten Herrscher die Huldigung der Kirche darbringen durfte
und sich des alten huldvollen Wohlwollens und freundlicher Teilnahme
zu erfreuen hatte, deren er immer dankbar gedacht hat und beim kurzen
Aufenthalt in Kronstadt bei der Tochter, wo die Natur, die archivalischen
Schätze, alte Freundschaft ihn immer fesselte.

Die wohlwollende Teilnahme deutscher Fürsten an dem 70=jährigen
Jubiläum brachte den sächsischen Bischof in Berührung mit dem Wei=
marer Fürstenhof, wo er am 10. September 1888 persönlich für
die Gnade danken durfte, die seiner Kirche widerfahren und wo er
der Kaiserin Augusta vorgestellt wurde. Der Sohn des sächsischen
Bürgerhauses machte auch dort tiefen Eindruck — ihm selbst aber
waren jene Beziehungen persönlich und für seine Kirche und sein

Volk eine Quelle dankbarer Erhebung. So betrachtete er es auch als besondern Gewinn, daß er sich des freundschaftlichen Wohlwollens des deutschen Botschafters in Wien, Prinz Reuß, und seiner erlauchten Gemahlin erfreute, freundlicher Aufnahme bei Kalnoky und Szögenyi.
Aber was das Leben auch brachte an Erhebung und Sorgen, an Arbeit und Leid, im Glauben, im Hause, in der Natur, in Lektüre, in der Wissenschaft fand er den innern Frieden stets wieder. Wenn im Frühling, seiner „liebsten Jahreszeit", das neue Leben aus allen Hecken und Bäumen brach, dann war es ihm eine Freude, am Haus die Knospe des wilden Weins zu beobachten, der die grüne Hülle durchbrach, die Kätzchen an der Weide, den Trieb der Rebe, deren Blühn er in jedem Jahr aufzeichnete, den Gang des Jahrs zu vergleichen, — an des Kaisers Geburtstag setzte er jedes Jahr zur Feier des Tags die ersten Trauben von den selbstgepflegten Reben auf den Tisch — vor allem den Rosen= strauch, dessen Bedeckung er gegen das Frühjahr fürsorglich lüftete, nicht ohne wiederholte Sorge, wenn sie aufgebunden waren, der rauhe Wind und die kalte Nacht könne ihnen schaden und ängstlich bereit, sie gegen den kühlen Mai zu schützen, und dann wenn sie blühten, an jeder ein= zelnen Rose und Nelke sich kindlich freuend. Er schnitt sie selbst vom Strauch, dem er immer weh zu thun fürchtete und machte gern dem Besucher eine Freude mit der dargebotenen Blume, die in seinem Zimmer niemals fehlten und deren Beachtung von Andern er gern sah. Der Anblick des Gebirges mit seiner wechselnden Beleuchtung, den wunder= baren Formen und Spitzen entzückten ihn zu jeder Zeit, am Glanz der Sterne, der wachsenden Mondsichel, dem Sonnenuntergang freute er sich jedesmal, wenn er sie sah. „Ein Gang in die „Erlen" ist mir immer eine Erquickung — unter dem blauen Himmelsgewölbe da drüben die formschöne Riesenmauer des Gebirges leuchtend im Silberglanz des frischen Schnees, und insbesonders Abends umstrahlt vom Rosenschimmer des sinkenden Sonnenlichts — ich sehe das Bild mit immer neuer Er= hebung." (7. Dezember 1891).
Es war überhaupt ein charakteristischer Zug in seinem Wesen, daß er, der an der Spitze unsrer gesamten kirchlichen, wissenschaftlichen und volkstärkenden Arbeit stand, der mit großem und weitem Blick in Ver= gangenheit und Gegenwart hineinsah, auch dem kleinen Leben nicht fern stand, daß er mit scharfem Auge die kleinen Züge beachtete und gemütvoll verstand. Nicht nur seine historischen Arbeiten beweisen es, es trat auch im Leben zutage. Noch erinnerte er sich aus der Jugendzeit, wie der wandernde Handwerksbursche, in der Hand den Stock und den überzogenen Hut, auf dem Rücken das Bündel, mit dem alten Gruß ins Zimmer getreten und wenn der Schulmeister im blauen Taschentuch die Fundstücke aus der dazischen Vorzeit ihm brachte, oder die Mädchen der Gemeinde, die dem zur Visitation kommenden Bischof entgegen gegangen waren, im Sonntags= staat neben dem Wagen auf bodenloser aufgeweichter Straße einhergingen und plötzlich zu singen anfingen: was hab ich denn meinem Feinsliebchen gethan? — so machten solche kleine Züge persönlichen Lebens ihm gar große Freude. Und wer ihn kannte, hatte den Eindruck, daß er diese

gesamte Thätigkeit im großen und kleinen fast mühelos umspannte; er hatte immer Zeit auch zu Dingen, zu denen Andere nicht gelangten.

Und er erhob sich an der Lektüre. In den letzten Jahren ergriffen ihn die Selbstbiographien, die nach einander erschienen, von Gust. Frey=tag, K. Gerok, Arneth, Ranke, Hase. Er kannte sie Alle persönlich, ein Teil der darin genannten Personen war ihm nicht fremd, so daß ein Stück des eignen Lebens ihm dabei immer vor der Seele stand. Mit Gerok war er bei den Gustav=Adolf=Vereinsversammlungen wiederholt zusammen gewesen, mit Ranke hatte er 1882 in Wien, mit Hase 1882 in Jena gesprochen, dann noch einmal 1885; im Garten an Nippolds Villa hatten sie sich zum letzten Mal die Hand gereicht, Umarmung und Kuß getauscht, ein Abschied für das Leben. Da er in den „Bären" zurück=kam, fand er von Hases Kirchengeschichte den eben erschienenen I. Band mit freundlicher Widmung vom Verfasser dort. Aber auch abgesehen von solchen Erinnerungen gab das Anschauen solchen Lebens Stärkung: „Welche Geister Beide [Ranke und Hase]. Diese Helle, diese Tiefe, diese Weitherzigkeit, diese leuchtenden Funken des Humors hier wie dort". Das Schöne und Edle in andrer Menschen Leben war ihm stets eine Förderung des eignen Wesens.

Und nicht zuletzt kehrte er zurück zur historischen Arbeit; wenn er von wochenlangen Sitzungen und Kämpfen ermüdet war, dann erholte er sich bei dieser.

Im Zusammenhang mit der 100=jährigen Wiederkehr der 90=er Jahre, mehr noch in der Erkenntnis, wie die Gegenwart in ihrer Ent=wickelung hier in innerm Zusammenhang mit jener Zeit stünde, begann er 1890 die Untersuchungen über die 90=er Jahre des vorigen Jahr=hunderts, zu dessen Kenntnis er schon in frühern Jahren mehrfach und nun auch im Anschluß an diese Arbeiten „Aktenmäßige Beiträge" ver=öffentlichte. Vier Abhandlungen hatte er im Sinn: über die Zustände in der Josefinischen Zeit, den Siebenbürger Landtag in Klausenburg von 1790 91, die litterarischen Kämpfe der Sachsen um 1790 und endlich Schlözers Anteil an der sächsischen Geschichtschreibung. Die drei ersten sind als Eröffnungsreden der 43—45. Generalversammlungen des Vereins für siebenbürgische Landeskunde bearbeitet worden.

Sie geben wieder eine Würdigung jener Zeiterscheinungen, wie wir sie noch nicht besaßen und auch sie betrachten die Sache unter dem Gesichts=punkt der gesamten Volksentwickelung. „So wuchs im sächsischen Volk — so schließt eine Betrachtung — in dem ihm aufgedrungenen Kampf ums Recht die Kenntnis seiner Vergangenheit und das Verständnis der Grundlagen seiner staatsrechtlichen Stellung; die innere Teilnahme an den nationalen Interessen erfaßte die Gemüter tiefer und der Hauch des Idealen, der nie fehlt, wo ein Recht verteidigt wird, hob die Seelen. Und wenn es wahr ist, daß es ein Verständnis der Gegenwart nicht giebt ohne Kenntnis der frühern Zeiten, so gewährt ein Rückblick auf jene geistig=sittliche Bewegung . . . nicht nur jenen fesselnden Reiz, den jedes Verfolgen „der geistigen Adern der Dinge" in sich schließt, sondern nährt auch die Wurzeln des Lebens der Gegenwart durch jene Kraft, die nach einem tiefen Wort Rankes aus der Erinnerung an die alte Zeit und die großen Beispiele der Vorfahren dem Denkenden gerne erwächst."

Ja, „die Wurzeln des Lebens der Gegenwart" stärken, das hat er stets als eine Aufgabe der Geschichte angesehn. Ihm selber stählten diese Blicke in die alte Zeit die Kraft, er hoffte es auch für Andere. Wo er tüchtige Manneskraft in früherer Zeit fand, da erhob sie ihn wie in der Gegenwart.

Jene Zeit erweckte zum ersten Mal die Teilnahme der deutschen Wissenschaft an unserm Volk, an unserm Kampf ums Recht, sie fand ihren erhebenden Ausdruck in Schlözers Arbeiten; mit deren Würdigung wollte er die Reihe dieser Untersuchungen abschließen.

Aber wieder zog das Leben von der stillen Wissenschaft ab. Der gesamte Gang der Entwickelung der politischen Verhältnisse hatte auf unsere Kirche und Schulen einen tiefen, zunächst fast nur zerstörenden Einfluß geübt. Man hatte versucht, die alten Mauern zu stärken, hie und da neue Pallisaden aufzuführen; daß die Kraft der Besatzung gestärkt werden müsse, hatte Teutsch seit Jahren erkannt und schmerzlich bedauert, daß der nie ruhende Kampf zu dieser Innerarbeit so wenig Zeit ließ. Aber vernachlässigt wurde sie nicht. Es war ein Erfolg, daß es 1891 gelang, die Lösung der Seminarfrage im Sinn der Konzentrierung der Anstalten zu beginnen, die Gründung des Landeskirchenseminars war der Anfang dazu; am 10. November weihte der Bischof das neue Gebäude vor den Vertretern der gesamten Kirche, eine eindrucksvolle, ergreifende Feier. Im Jahre 1892 wurden endlich die Gehalte an den Mittelschulen aufgebessert, wie kurz vorher (1890) an den Volksschulen, der Seminarlehrkurs wurde erweitert. Er war zur Überzeugung gelangt, daß infolge veränderter Verhältnisse einige Grundlagen unsrer kirchlichen Organisation neugelegt, anders gebaut werden müßten, um jener Güter willen, die sie zu schirmen bestimmt ist. Er scheute dabei auch vor gründlichen Änderungen nicht zurück. Er hatte sich den Grundriß eines Plans zurecht gelegt, nach dem der Kirche junge Kräfte ins Pfarramt zugeführt werden sollten, „ein tüchtiger, theologisch gebildeter, arbeitsfreudiger Nachwuchs", wie er es schon in der Rede zur Eröffnung der 15. Landeskirchenversammlung angedeutet hatte, in der er zugleich auf die Notwendigkeit hinwies, die schwachbotierten Pfarrer besser zu besolden, um auch diese Stellen der gemeinen Not des Tages zu entrücken. Es ist nicht der am wenigsten bezeichnende Zug seines Wesens, daß er die Spannkraft, für neue Verhältnisse den richtigen Maßstab zu finden und entschlossen auch neue Aufgaben aufzunehmen, noch in hohem Alter besaß. Am 12. Juli feierte er im stillen den 50=sten Jahrestag seiner Anstellung in Kirche und Schule — auf seinen Wunsch war von öffentlicher Feier abgesehn worden — und es klang durch seine Seele das Psalmwort (36. 6): „Herr deine Güte reicht so weit der Himmel ist und deine Wahrheit so weit die Wolken gehen"; am 19. September erfüllte sich das 25. Jahr seit der Wahl zum ev. Bischof, als „Gnade um Gnade" empfand es seine Seele. Als die Landeskirchenversammlung, die im Juni tagte, ihm den Glückwunsch darbrachte, da erwiderte er tiefergriffen, und Niemand konnte sich der Wehmut entschlagen: „Sie haben einen Wandrer begrüßt, den sein Weg der sinkenden Sonne nachführt, und aus den Wipfeln, die die Abendröte vergoldet, und nicht nur aus ihnen, spricht es mahnend zu ihm: Warte nur, balde! Ja wenn der Blick des von der Höhe Herabsteigenden sich zurückwendet, fällt er, ach, nur zu oft auf Trümmerhaufen, welche Werke bedecken, an denen er einst mit den Besten unsers Volks und unsrer Kirche zu arbeiten gewürdigt gewesen und das Wort des Sehers und Sängers vom neuen Leben, das aus den Ruinen blüht, umhüllen gar oft dunkle Wolken. — Doch dieser Stunde ziemt die Klage nicht und nicht die Mutlosigkeit, nicht angesichts des zweifellosen starken Willens unsers Volkes, das auch weiter leben will, leben der Väter würdig, um die auch für den Staat kostbaren Güter seines Daseins als wertvolles Erbe den Nachkommen zu hinterlassen; es ziemt Klage und Mutlosigkeit nicht gegenüber dem neuen großen Arbeitsfeld, das auch unserm Volk sich öffnet, wo tausend fleißige Hände regen helfend sich in munterm Bund, nicht im Hinblick auf das Reich der Wissenschaft, auf dem auch unsere Jugend — Gott segne sie — sich mit freudigem Eifer in die Reihen der Alten stellt."

Das war die Stimmung, die ihn in den letzten Monaten erfüllte, eine stille Resignation, die keinem bedeutenden Menschen erspart bleibt, und dann doch immer wieder: uns ziemt nicht Klage und Mutlosigkeit, dabei tiefe tiefe Dankempfindung gegen Gott für all das Große, das Schöne, das er ihm gegeben, an dem mitzuarbeiten er gewürdigt worden sei. „Wenn man das 70. Jahr überschritten hat, schrieb er im Juli 1892, so fallen Einem solche Tage (50=jähriges Dienstjubiläum) haufenweis in den Schoß, wie im Herbst vom Baum die reifen Früchte. Mich ergreift dabei immer stille ernste Wehmut im Gefühl, wie ich der sinkenden Sonne nachgehe, aber auch die Empfindung tiefen tiefen Dankes für das, was Gott in seiner Gnade mir namentlich auch durch treffliche Menschen geschenkt." Und an die Tochter schrieb er: „Der 76. Geburtstag hat mir den Eintritt in das letzte Viertel des Jahrhunderts eines Menschenlebens gebracht, das ganz diesem doch so selten beschieden sein kann. Nun, es steht in seinen Händen! Über die ernste Schwelle schreitend ist meine Seele voll Dankes gewesen, für „Gnade um Gnade", die mir bisher aus Gottes Barmherzigkeit zuteil geworden. Mutter und Kinder hatten mitten im Winter auf meinen Tisch duftigen Blumenschmuck gezaubert — und so sei denn das Weitere wie bisher dem Herrn empfohlen."

Wie in einem abgerundeten Tonstück die Leitmotive im Schlußakkord noch einmal alle zusammenklingen, so drängt sich in den folgenden Monaten Alles, was dieses Leben bewegte, noch einmal erhebend, erschütternd zusammen.

Der Besuch des Gustav=Adolf=Vereins in Bremen, auf den er sich doppelt freute, weil er Bremen nicht kannte und im Vorjahr die Versammlung in Görlitz nicht hatte besuchen können, wurde, während er schon auf der Reise war, durch die Choleragefahr vereitelt, die Versammlung wurde abgesagt. Einen Ersatz bot die Fahrt ins ober=

österreichische Bergland mit einer jüngern Tochter. Da kam wenig später die Einladung des deutschen Kaisers zur Einweihung der Schloßkirche in Wittenberg, an die Luther 1517 die Thesen angeschlagen hatte. Die Fahrt dorthin, auf dem Weg der Besuch Leipzigs, wo er zum Frickejubiläum die eignen und unsers Gustav=Adolf=Vereins Wünsche brachte, die Tage in Wittenberg selbst, mit all dem, was er dort gesehn, erfahren, erlebt, die Jugenderinnerungen, die Vergangenheit des Orts, der Zusammenhang mit Siebenbürgen, hatten ihn wunderbar gehoben. Der deutsche Kaiser hatte ihm bei dem Festfrühstück "zugetrunken", was, — wie der Bischof an das Landeskonsistorium berichtete — "selbstverständlich den geladenen Sendern, nicht dem Vertreter galt, doch natürlich auch von diesem in seiner Bedeutung tiefdankbar und mit Erhebung ehrfurchtsvoll empfunden wurde" — mit zahlreichen alten und neuen Freunden hatte er gesprochen, die hohe Gestalt in der dort unbekannten Amtstracht war allgemein aufgefallen, und voll herrlichster Eindrücke, gestärkt kehrte er nach Hause und konnte leuchtenden Auges all die Einzelheiten erzählen; das Konsistorium gab auf Grund dieser Mitteilungen einen Bericht an die Kirche, in dem sich jene Eindrücke mächtig wiederspiegeln. Die Absicht war, jene Stärkung, die er selbst empfunden, auch der Kirche zuzuführen, indem die Mitglieder derselben sähen, "daß sie doch nicht allein auf der Erde stehen".

Diese Stärkung that Allen niemals mehr Not als in jenen Tagen. Denn zum ersten Mal erschien das Schlagwort von der Civilehe und der Verstaatlichung der Matrikeln in Ungarn vor der Öffentlichkeit durch die Regierungskreise ausgegeben und damit eine neue große Gefahr für unsere Kirche, unser Volk. Teutsch hatte ehrlich 1890 mitgeholfen, durch den Sachsentag eine Verständigung mit der Regierung anzubahnen, auf solche Angriffe hatte man damals nicht gerechnet. In den neuen Gesetzentwürfen sah er formal eine Verletzung der Autonomie der ev. Landeskirche, deren Rechtsstellung er zu schützen, zu verteidigen geschworen hatte, sachlich eine neue nationale Gefahr, einen Vorstoß des Romanismus im Bunde mit dem Magyarismus, gegen den sich zu wehren Mannespflicht sei. So trat der harte Kampf, unter dem er ergraut war, noch einmal an ihn heran. Aus jenem Geist war die Haltung des Landeskonsistoriums hervorgegangen, dem die Repräsentation vom 17. April 1893 mit ihren, das Wesen der Frage scharf. beleuchtenden, Ausführungen Ausdruck gab und der Bitte, die siebenbürgischen Religionargesetze in Kraft zu erhalten.

Diesen ihn gemütlich tief aufregenden Verhandlungen trat wieder die Wissenschaft, die aufbauende Arbeit in der Kirche zur Seite, mit ihrer beruhigenden Macht. Im Anschluß an die drei letzten Reden zur Eröffnung der Generalversammlungen des Landeskundevereins sollte die für den Sommer 1893 nach Sächsisch=Regen berufene mit der geplanten Rede über Schlözer eröffnet werden. Daneben sollte die Agende die letzte Redaktion erfahren. Zu den Sitzungen des Magnatenhauses fuhr er am 6. Mai nach Pest, dort nach seiner Gewohnheit in verschiedenen Angelegenheiten der Kirche thätig, und hielt am 9. Mai im Magnatenhaus die Rede, in der er seine Stellung den kirchenpolitischen Vorlagen gegenüber motivierte. Die ganze Sache, insbesonders auch die Eindrücke, die er im Kreis der sächsischen Deputierten empfangen hatte, hatten ihn tiefer angegriffen als sonst ähnliche Pflichtfahrten. Doch fuhr er gesund und munter am 12. Mai heimwärts, er kam krank, mit Blasenbeschwerden, zuhause an. Doch besserte sich das Übel rasch; er ging wieder aus, der Schritt war so elastisch wie früher, die Gestalt ungebeugt, das Auge so hell wie ehmals, der Schwung der Seele, der Flug der Gedanken, die Freude an der Natur, am Leben im Haus unverändert. Am 27. Mai trat er die Reise nach Sächsisch-Regen zur Einweihung der neuen Schule an, in Begleitung seiner Frau, der diese Orte zu zeigen ein langgehegter Wunsch war; er hatte immer einen ganz besondern Zug nach diesem „Oberland", dessen frischer Menschenschlag mit der einschmeichelnden Mundart ihm gar sehr ans Herz gewachsen war. Am 28. Mai vollzog er die Einweihung. Niemand merkte ihm die geringste Ermüdung an, wie er im amtlichen und privaten Verkehr mit der alten Freundlichkeit, dem nie ermattenden Interesse für Alles, Stadt, Umgebung, Menschen auf sich wirken ließ, sich erfreute an der herzlichen Freundschaft, die ihm hier nicht zum ersten Mal entgegentrat, an sächsischer Arbeit, an evangelischer Gesinnung die Seele erhob. Die Rückkehr führte ihn über Bistritz, wo ihn wieder die alte Treue in tiefstem Herzen freute — es waren goldene Strahlen der sinkenden Sonne — nach Hermannstadt zurück. Am 10. Juni überfiel ihn die Krankheit heftiger aufs neue. Er hat zunächst die gewohnten Arbeiten nicht unterlassen, er las die Tagesblätter mit der Feder in der Hand, unterschrieb die Erledigungen, arbeitete an der Agende, begann die Rede über Schlözer für die Generalversammlung des Landeskundevereins, nicht ohne bange Sorge, was mit ihm werden solle, wenn die Krankheit länger dauere. Immer ein ungeduldiger und stets besorgter Patient, auch wenn ihm nur eine Kleinigkeit fehlte, war er seit dem schweren Typhus 1863 nicht mehr eigentlich krank gewesen, um so lästiger war es ihm jetzt: „Dreißig Jahre bin ich nicht krank gewesen und jetzt soll ich krank werden". In den vielfach auflösenden vergangenen Jahren hatte er oft empfunden, wie das Amt der Geschichte ein doppelt herrliches sei, denn es schafft zugleich und bewahrt und erhält. Jetzt sollte sie ihm noch einmal persönliche Trösterin sein; „ich könnte diese Tage nicht aushalten ohne die Arbeit an der Denkrede" sprach er. Schlözers strenge Gewissenhaftigkeit ergriff ihn, seine ernste Mahnung gegen diejenigen, die so leicht bereit seien „sich umzudenken," wandte er auf Tageserscheinungen in unsrer Mitte an; eine gesteigerte Weichheit der Seele, die auch sonst in gesunden, mehr noch an kranken Tagen ihm eigen war, war an ihm bemerkbar; der unheimlichste Gedanke war ihm der an ein langes Siechtum. Am Sonntag noch freute er sich an den blühenden Rosen, die täglich frisch neben das Bett gestellt wurden, machte Pläne für die Zukunft: die nächste Denkrede sollte Michael Albert gelten, im nächsten Konsistorium wollte er neue Schritte zum Schutz der bedrohten Rechte und der Kulturgüter unserer Kirche anregen, da — machte am Abend des 2. Juli 1893 ein

Herzschlag dem reichen Leben ein Ende. Sein letztes Wort, da er den Armen der Gattin entsank, die den nach Atem Ringenden hielt, war: „Ich muß!"

Er stand im 76. Jahre seines Lebens, im 51. seines Dienstes in Kirche und Schule, fast 26 davon war er Bischof gewesen.

Bei seinem Tode hatte unsere Kirche und unser Volk die Empfindung, daß ein gut Teil der Volkskraft mit ihm in die Gruft gesenkt werde. Als er geboren wurde, im 300. Jubeljahr der Reformation, da gab es hier keine einheitliche ev. Kirche, kein Bewußtsein der Zusammengehörigkeit, darum keine gemeinsame Feier jenes großen Tages; da er starb hatte die Kirche lang schon, mit durch ihn ihre Einheit äußerlich und innerlich gefunden, das Lutherjahr 1883 hatte sie sichtbar bewiesen. 1817 hatte die Kirche kein einheitliches Kirchenregiment, den Rechtsboden unter den Füßen verloren, 1893 übte das erste schon ein Menschenalter seinen segensreichen Einfluß aus und die Kirche verteidigte den gewonnenen Rechtsboden mit einer Entschiedenheit, die mit dazu beitrug, die sittlichen Kräfte in unserm Volk zu stärken. 1817 hatten wir keine gemeinsame Schulordnung, überhaupt kaum eine Ordnung auf diesem Gebiet, 1893 sah auf gefestigte Einrichtungen zurück von der Volksschule bis zur Hochschule und freute sich der errungenen einheitlichen Vorbildung auch der Volksschullehrer. 1817 hatten wir kaum die Anfänge einer historischen Litteratur, fremd und unbekannt stand das Volk seiner Vergangenheit gegenüber; sein Leben hat wesentlich die Kenntnis unsers eignen Wesens durch die Blicke in die vergangenen Zeiten uns eröffnet, eine historische Litteratur zu schaffen geholfen, wie sie kaum ein einzelner deutscher Volksstamm schöner und reicher besitzt. 1817 hatte unser Volk kein nationales Gesamtbewußtsein, der Gedanke der Zusammengehörigkeit war in den breiten Schichten desselben gar nicht vorhanden; als er starb, da war der nationale Gedanke ein unverlierbares Eigentum unserer Volksseele geworden. In seinem Geburtsjahr hatten auch die leitenden Kreise unsers Volkes noch keine Ahnung von der Stellung dieses im Staate, zu den weitern Aufgaben der Gegenwart; da er starb, war mit dieser Erkenntnis eine Fülle neuer Aufgaben in unserm Volk lebendig geworden. Unser Leben hat niemals des Glaubens, der Treue, des Pflichtgefühls, der Gewissenhaftigkeit entbehrt; er hat sie gestärkt, vertieft, unser inneres Leben bereichert und gemehrt; wir halten Haus mit Gedanken und Anschauungen, die er uns in die Seele gelegt und streiten um Ziele, die er uns gesteckt. Am Anfang des Jahrhunderts kannte Deutschland unsere Vergangenheit und unsere Gegenwart nicht, stand uns kalt und gleichgiltig wie einem fremden Volk gegenüber; sein Leben und seine Arbeit hat dort das Verständnis und die Liebe für uns geweckt und da er starb, feierten sie im Prunksaal des Berliner Rathauses sein Andenken wie das an einen der Ihrigen.

Gewiß, auch im tiefen Schmerz um das Ende dieses Lebens hatten wir Alle miteinander die Empfindung, der Goethe beim Tode eines Großen Worte lieh: „Wie gern ist man still, wenn man einen Solchen zur Ruhe gebracht hat".

In einer sächsischen Gemeinde, zu der ihn alte Freundschaft und große historische Erinnerungen zogen, haben sie, nach der Generalkirchenvisitation, eine Quelle „Teutschquelle" genannt; sie entspringt am Rand eines uralten Waldes, in dessen Mitte die Mauern einer verfallenden Burg von alten Zeiten und alten Thaten erzählen und aus der er beim Besuch der Burg einmal getrunken. Das Gemäuer dort oben zerfällt, unten im Dorf wechseln, wie die Blätter im Wald, die Geschlechter der Menschen; aber so lang die Quelle dort zu Thal fließen wird und deutsche Äcker und Fluren erfrischt und tränkt und im Schatten des Waldes sächsische Kinder spielen, wird das Andenken an ihn lebendig bleiben und ein befruchtender Segen soll nicht nur von seiner Arbeit ausgehn, sondern auch von der, zur Nacheiferung rufenden Erinnerung an den Sachsenbischof Teutsch. Denn „tüchtiges Leben endet auf Erden nicht mit dem Tode, es dauert im Gemüt und Thun der Freunde wie in den Gedanken und der Arbeit des Volks."

Anhang.

I.

Aus den „Kaisertagen" in Hermannstadt.
Erlebnisse des Gefertigten.
1876.

Sonntag 10. September. Auf dem Bahnhof Se. Majestät: Ich freue mich, Sie wieder zu sehen.
11 Uhr Vorstellung [der Deputation der Kirche] ... Majestät: „Alle in Deutschland studiert?"
Ich: „Auch in Wien" ... Erwähnung von Müller und dessen huldvollem Empfang in causa Brukenthal ... Die Serben und ihr Pfarrer ... Die 1000 Schüler und das huldvolle Versprechen Sr. Majestät das Gymnasium zu besuchen.
6 Uhr Nachmittag Hoftafel. Nach dieser Cercle. Der Kaiser spricht mich als britten an (nach Oberst Kreisch) „wie die Rumänen leicht Sprachen lernen." — Zum Obersten hatte Se. Majestät seine Zufriedenheit ausgesprochen über die treffliche Unterkunft der Truppen in dem, mit Umgebung und Boden zu den Manövern so vorzüglich geeigneten Hermannstadt, sowie seine Freude, daß jeder, auch der rumänische Unteroffizier deutsch könne ... „auch die ungarische ist ja eine zivilisierte Sprache."
Ich: Hinweisung auf den Vorteil, daß das rumänische Tochtersprache des Latein und so, wie Dies in der vergleichenden Grammatik gezeigt, mit ersten Kultursprachen verwandt, was das Sprachgefühl schärfe.
Majestät: Haben die Rumänen eine Grammatik?
Ich: Ja, aber es ist ein Übelstand mit der historischen Orthographie, die sie von Europa trennt.
Majestät: Das cyrillische Alphabet wird aber nicht mehr gebraucht?
Ich: Es verschwindet immer mehr, wie auch das Altslavische aus den serbisch-evangelischen Gemeinden ... Der sächsische Kantor in der serbischen Gemeinde mit dem Lied aus dem graduale bulgaricum.
Heitere Teilnahme des Kaisers an dem seltenen Lebensbild in wiederholten Fragen.
Ich: Daß solche Gemeinden berufen worden, Zeichen der jammervollen Landeslage, deren Änderung zum Bessern wir nur dem siegreichen Flug des Doppeladlers verdanken. Sonst wäre jetzt Siebenbürgen Serbien und Bulgarien. Ein genaues Bild des Landes aus jener Zeit die sta=

tistischen Aufnahmen mit Intervention der kaiserlichen Offiziere....
Darum Niemand tiefer verstanden als unsere Väter: sub umbra alarum
Tuarum ...

Majestät: (Ergriffen) Ja, diese Flügel, sie sind doch noch nicht
stumpf geworden. (Nach innigem Anschauen freundliches Kopfnicken.)

Oberst Scudier, der Alles angehört in enthusiastischer Aufregung
mit Thränen im Auge zu mir gewandt: solche Sprache habe ich nie
gehört, wie danke ich Ihnen dafür ...., zu den herbeikommenden Ge=
neral Tischler und Obrist Heizinger: hättet Ihr doch gehört ...

Dienstag 12. September. Vor der Schule. Treffliche Aufstellung
der Schüler und Lehrer; edel geschmücktes Gebäude. Brausende Hochs,
da der Kaiser kommt. Begrüßung [s. Siebenbürgisch=Deutsches Tage=
blatt Nr. 825.]

Eintritt — Majestät: welche Anstalten?

Ich: (nenne sie), daneben 8=klassige wohlorganisierte Mädchenschule
mit 700, Ew. Majestät, soll ich sagen Mann oder Köpfen? Auf die
Kleinen zu beiden Seiten zeigend „auch von der Mannschaft draußen."
(Ergreifender Gesang aus dem 2. Stock. Der große Hörsaal mit den
Zeichnungen und der Methode des Unterrichts. Die Sammlungen des
Gymnasiums und der Realschule oben, bei dem Gang dahin die 60 Sänger
„auch von der Mannschaft draußen." Des Kaisers Freundlichkeit gegen
Bönicke, den „Rheinpreußen, den Meister unsrer klassischen Musik."

In den Lehrzimmern

Ich: Hinweisung auf mangelhafte Räumlichkeit, da der Bau am
Ende des vorigen Jahrhunderts nach den damaligen Anforderungen,
jetzt ...

Majestät: O, wenn es überall so wäre. Beim Hinabgehn Frage:
wem die Anstalt gehöre, woraus sie erhalten werde?

Ich: Ev. Gemeinde A. B. in Hermannstadt, beziehungsweise das
Presbyterium derselben. (Erhalten: gottgesegnete sächsische Nationaldo=
tation vom 22. August 1850, die Ew. Majestät mit dem Ausdruck
Allerhöchsten Wohlgefallens unter dem 16. August 1851 Allergnädigst
bestätigt, dann die Realschule mit aus gnädig gewährter Staatsunter=
stützung von 5000 Gulden auf 12 Jahre seit 1863; wohl in die Not=
wendigkeit kommen, neu zu bitten, da die Anstalt für das ganze Land
so bedeutend.

Majestät: Das große Lehrerkollegium, keine Supplenten, alle
geprüft?

Ich: Alle, vor der nach siebenbürgischem Kirchenstaatsrecht durch
das ev. Landeskonsistorium bestellten Prüfungskommission, die wesentlich
nach der, von Ew. Majestät für die Länder jenseits der Leitha ge=
nehmigten Prüfungsnorm vorgeht.

Während des Anstritts aus der Pforte neuer Liederklang von oben
und freudiges Hoch unten.

Der Bitte, die Kirche zu besuchen, die Wenckheim unterstützt, ent=
spricht Se. Majestät freundlichst. Vor der Pforte die Prediger Brukatsch
und Klein mit den beiden Kirchenvätern.

Ich: Erklärung betreffend die Bauzeit, das nördliche und südliche Seitenschiff, die Kreuz-, Netz- und Spitzengewölbe, die Gurtenträger, der Tauffessel von 1438 . . das Bild Rosenauers, der Maler (in Wien); das Sachsen- und Ungarmädchen rechts vom Kreuz . . . Ladislaus der Heilige und Karl M. . . . die Wappen, der deutsche Reichsadler (Albrecht) und das ungarische Kreuz, der böhmische Löwe, die 4 Streifen, der österreichische Heerschild, der weiße Balken im roten Feld. — Sichtbares Ergriffensein Sr. Majestät. — Die Sakristei, die Meßgewänder, die Taufschüssel . . kunstverständige Äußerungen des Kaisers! Gang zum Mausoleum. Beim Austritt aus dem romanischen Turmgewölbe nach dem kurzen Wort über Ursprung des Baues und der jetzigen Ordnung „Ausdruck freudiger Überraschung über das würdige Werk." Die Kanzel, Hechts Grabstein (1479, 1493, 1492, 6. Mai sein Name als erster auf der Konsensualurkunde . . . wodurch Haus Österreich endlich zum ungarischen Thron gekommen), Frankenstein (Siebenbürgens Übergang unter Österreich, Leopold, die goldene Gnadenkette), Petr. Haller (Isabella, die Sachsentreue, wie die Zeugnisse im geheimen Haus-, Hof- und Staatsarchiv melden).

Majestät: „Wertvollst auch für die Kulturgeschichte."

Ich: Darum gern veröffentlichen; neulichst mit Trefort über Unterstützung gesprochen (das wurde bei Frankenstein gesprochen, nach der Besichtigung von Hallers Monument.)

Majestät: Ich will selbst mit Trefort darüber sprechen.

Ich: Dann das erste Exemplar Sr. Majestät vorlegen, zugleich zum Dank für die Huld der Katalogs der Privatbibliothek.

Majestät: Freue mich.

Darauf Gang zur Empore des südlichen Seitenschiffs; während desselben

Ich: Hinweisung auf den ehemaligen Verfall; in den 50-ger Jahren die würdige Herstellung; das unzweifelhaft Anlaß, daß Brukenthal in der Gründung des Fideikommisses, das Ew. Majestät allergnädigst bestätigt, für den Fall des Ausgangs seines Mannesstammes $^1/_4$ desselben für den Baufond dieser Kirche bestimmt hat. Darum eben sehen wir dem Ausgang des Prozesses mit so berechtigter Spannung entgegen.

Majestät: Der Mannsstamm also erloschen?

Ich: Mit dem einzigen Sohn . . Hermann. Die Seitenlinie will jetzt Nachfolger sein.

Majestät: Wo lebt der Brukenthal?

Ich: Im Banat.

Oben wurden die Gewölbe näher besichtigt, alte Kirchenbibliothek, Kapellenbibliothek, dann der alte Altar. Sehr zutreffende Kunsturteile des Kaisers.

„Aber die Bilder muß man gut aufheben."

Ich: Wir gedenken sie ins Brukenthalische Museum zu geben, mit andern ähnlichen, sobald der Prozeß um das Fideikommiß zu Ende ist. Die Wandchronik.

Majestät: Wann sind denn die Sachsen nach Siebenbürgen gekommen?

Ich: Erörterung der, im Zusammenhang mit Ungarns Besitznahme von Siebenbürgen, erfolgenden deutschen Einwanderungen des Rösner= gaues, der provincia Cibiniensis und des deutschen Ritterordens.

Majestät: Es ist doch wunderbar, wie sich die Nation hier so ganz deutsch in dieser Entfernung und Umgebung erhalten hat.

Wenckheim: Und wie deutsch, Ew. Majestät, bis zum kleinsten Dorf, in Sprache, Sitte, Kleidung, Hausbau, in Allem.

Ich: Das ist mit die Folge des von der Krone unserm deutschen Partikularrecht so wirksam gewährten Schutzes.

Majestät: Welchen Stammes sind doch eigentlich die Sachsen?

Ich: Vorzugsweise rheinische Franken mit einem Einschlag von niederdeutschem Wesen.

Majestät: Also nicht Schwaben, wie im Banat?

Ich: Das sind Allemannen; wir nach Urkunden, Mundart, Sitte, Sagen, Mythen vom Mittel= und Niederrhein...

Unter diesen Reden traten wir wieder in das Mausoleum; der Kaiser schritt, sich nochmals umschauend hinaus, übersah noch einmal mit freundlichem Blick die Kirche; die Pforten öffneten sich, der Hochruf der Schule grüßte ihn aufs neue begeistert. Er dankte für die angenehme Stunde, wünschte der Anstalt weiteres Gedeihen.

Ich: Unter dem huldvollen Schutz Ew. Majestät dürfen wir daran nicht zweifeln.

Majestät: An meiner Unterstützung soll es Ihnen niemals fehlen, — sprang in den Wagen und grüßte zum Abschied herzlich=freundlichst; Wenckheim gab mir die Hand und fort flog das Gespann unter dem begeisterten Jubel der Schule.

Mittwoch 13. September Abends 7 Uhr auf dem Bahnhof. Vor demselben kurzer Abschied von Ringelsheim; wenige Worte deutsch zum Obergespan, dann Dank und Abschied des Bürgermeisters. Hierauf schreitet Se. Majestät in den festlich hergerichteten Raum (Vorsaal zur Karten= nahme) vorüber an den magyarischen Beamten auf Fogarasy, dann zu Roman, nach ihm zu mir.

Majestät: Ich danke für den herzlichen Empfang, den mir Her= mannstadt bereitet hat.

Ich: Es waren Festtage für die Stadt und wir haben zu danken, daß Ew. Majestät uns die Huld derselben geschenkt haben.

Majestät: Es war mir eine Freude, es thun zu können.

Ich: Wir haben nur noch die Bitte, daß es uns bald wieder ver= gönnt sei, sub umbra alarum Tuarum solche Festtage zu feiern.

Majestät: An meinem Schutz soll es Ihnen nie fehlen. **Es freut mich, daß ich den guten altsächsischen Geist hier ge= funden habe.**

Ich: Gott segne Ew. Majestät auch dafür!

Im festlich geschmückten Wartezimmer III. Klasse ich zu Wenckheim: Exzellenz, bringen Sie uns Se. Majestät bald wieder.

Wenckheim: 24 Jahre ...
Majeſtät: Nun 24 Jahre ſoll es nicht dauern, bis ich wieder komme.
Drittes Läuten ... Einſteigen mit freundlichem Gruß.
Ich: „Noch einmal ein dankbares Hoch auf Allerhöchſt Se. Majeſtät!" Donnernder Zuruf. — Fort fliegt der Zug!

Dr. G. D. Teutſch.

II.
Verzeichniß der bedeutendern litterariſchen Arbeiten.

1843. Beiträge zur Geſchichte Siebenbürgens vom Tode K. Andreas III. bis zum Jahr 1310. Vereins-Archiv I. 1.
1844. Der Zollſtreit der Sachſen mit dem Großwardeiner Kapitel in dem letzten Viertel des 15. Jahrhunderts. Vereins-Archiv 1. 2.
Über den Namen der Siebenbürger Sachſen. Ebenda.
Abriß der Geſchichte Siebenbürgens. Kronſtadt, Gött.
1845. Aus den handſchriftlichen Denkwürdigkeiten eines Sachſen des 17. Jahrhunderts. (Filkenius). Vereins-Archiv II. 1.
Beiträge zur Geſchichte Siebenbürgens unter König Karl Robert. Ebenda.
1846. Fortſetzung. Ebenda II. 2.
Aus dem handſchriftlichen Nachlaß eines Sachſen des 17. Jahrhunderts (Z. Filkenius). Vereins-Archiv II. 2.
Urkundliche Beiträge zur Rechts- und Sittengeſchichte der ſächſiſchen Vorzeit. Ebenda.
1850. Beiträge zur Geſchichte Siebenbürgens unter König Ludwig I. Archiv für Kunde öſterreichiſcher Geſchichtsquellen II. 2.
Aus des Bach. Filkenius handſchriftlichen Denkwürdigkeiten. Vereins-Archiv IV. I.
1852—53. Geſchichte des Schäßburger Gymnaſiums. Im Programm des Schäßburger Gymnaſiums 1852 und 1853.
1852—58. Geſchichte der Siebenbürger Sachſen für das ſächſiſche Volk. Kronſtadt, Gött.
1852. Die Reformation im Siebenbürger Sachſenland. Ebenda. 4. Auflage 1865, 5. Auflage 1875, 6. Auflage 1886.
1853. Die Schäßburger Gemeinderechnung von 1522. Vereins-Archiv N. F. 1. 2.

Siebenbürgische Zustände unter Mich. Apafi I. Ebenda.
Das Testament des Dennborfer Pfarrers A. Schwarz. Ebenda I. 3.
1856. Aufforderung zur Sammlung von Materialien die Gemeinde- und Rechtsverfassung betreffend. Kronstadt.
Über die Schließung der Schäßburger Realschule zu Anfang des Schuljahrs 1855/56. Kronstadt.
1857. Urkundenbuch zur Geschichte Siebenbürgens. In den Fontes rerum Austriacarum. Wien.
1857—58. Rechtsquellen der ev. Landeskirche A. B. in Siebenbürgen, (darin Honterus Reformation von 1547) in B. Hornyanßky Protestantischen Jahrbüchern für Österreich. Band IV. und V.
1858. Zehntrecht der ev. Landeskirche A. B. in Siebenbürgen. Schäßburg, C. Habersang.
Eine Kirchenvisitation. Zur Kulturgeschichte der Sachsen im 17. Jahrhundert. Vereins-Archiv N. F. III. 1.
1859. Autobiographien. Trauschenfels Magazin für Geschichte u. s. f. I. Kronstadt.
1860. Zur Geschichte von Bistritz. Vereins-Archiv N. F. IV. 2.
Vor 300 Jahren. Sächsischer Hausfreund. Gött.
Rede zum hundertjährigen Geburtstag Fr. Schillers. Kronstadt, Gött.
1861. Vier Schulreden. Ebenda.
Bericht über die Verhandlungen der ersten Landeskirchenversammlung A. B. in Siebenbürgen vom 12.—22. April 1861. Hermannstadt, Steinhaußen.
1862—64. Chronik des Schäßburger Stadtschreibers G. Krauß 1607—1665, 2 Teile. Fontes rerum Austriacarum. Scriptores III, IV. Wien.
1862. Die Verhandlungen und Beschlüsse der ev. Landeskirchenversammlung in Hermannstadt vom 17. September bis 1. Oktober 1862. Hermannstadt, Closius.
Christentum und Reformation in Siebenbürgen. In Herzogs Realencyklopädie unter Siebenbürgen. Bd. XIV. Gotha.
Urkundenbuch der ev. Landeskirche A. B. in Siebenbürgen I. Hermannstadt, Steinhaußen.
Um 1562. Bilder aus Mediaschs Vergangenheit. Transsilvania. N. F. II.
Zur Geschichte der Pfarrerswahlen in der ev. Kirche. Hermannstadt, Steinhaußen.
1863. Die Bischöfe der ev. Landeskirche A. B. in Siebenbürgen (bis 1700). Statistisches Jahrbuch der ev. Landeskirche. Hermannstadt.
Die Rechtslage der ev. Landeskirche A. B. in Siebenbürgen. In Doves Zeitschrift für Kirchenrecht III. Tübingen.
1865. Reformatio ecclesiae Coronensis ac totins Barcensis provinciae. Cum praefatione Philippi Melanthon. Wittenbergae Anno MDXLIII. Nova primam plane reddens editio. Vindobonae XIX Mart. MDCCCLXV.

Abriß der Geschichte Siebenbürgens. 2. gänzlich umgearbeitete Auflage. Kronstadt, Gött.

1868. Drei Predigten. Gehalten in der ev. Pfarrkirche A. B. in Agnetheln. Hermannstadt.

Die Stimme der evang. Stiftung des Gustav-Adolf-Vereins an dieses Geschlecht. Predigt gehalten am 5. August 1868 in Bistritz. Hermannstadt.

Unsere Zuversicht auf die Zukunft unsrer Kirche. Festpredigt zu seiner feierlichen Einführung in Amt und Würde gehalten in Hermannstadt 12. November 1868. Ebenda.

1869. Zur Geschichte der ev. Landeskirche A. B. in Siebenbürgen in den letzten 2 Jahrzehnten. In Schenkels Allgemeiner kirchlichen Zeitschrift. Jahrgang 1869, Heft 8 und 9.

1870. Die Stellung unsrer Kirche in der großen Entwickelung der Gegenwart. Predigt zur Eröffnung der VI. Landeskirchenversammlung am 17. Februar 1870. Hermannstadt.

Einige Züge aus dem Lebensbild unsrer Synode im letzten Jahrhundert. (In den Verhandlungen der Synode 1870).

Johann Karl Schuller. Ein Beitrag zur Geschichte seines Lebens und Wirkens. Vereins-Archiv N. F. IX. I.

Vor 200 Jahren. Bilder aus dem Leben des Schenker Kapitels. Ebenda.

1872. Zwei Jahre aus dem Leben Hermannstadts vor zwei Jahrhunderten. Ebenda X. I.

Siebenbürgische Studierende auf der Hochschule in Wien im 14., 15. und 16. Jahrhundert. Ebenda X. 2.

Über die ältesten Schulanfänge und damit gleichzeitige Bildungszustände in Hermannstadt. Ebenda.

Nachträge zur obigen Abhandlung. Ebenda X. 3.

Denkrede auf Martin Reschner. Ebenda X. 3.

1874. Aktenmäßige Beiträge zur Geschichte Siebenbürgens im 18. Jahrhundert. Ebenda XI. 3.

Geschichte der Siebenbürger Sachsen für das sächsische Volk. 2. Aufl. 2 Bde. Leipzig. S. Hirzel.

Denkrede auf Josef Trausch. Ebenda XII. 1.

1875. Denkrede auf Karl Fuß. Ebenda XII. 3.

Die Artikel der geistlichen und weltlichen Universität für die General-Kirchenvisitation von 1577. Statistisches Jahrbuch 1875.

1876. Über Honterus und Kronstadt zu seiner Zeit. Vereins-Archiv XIII. 1.

Aus einer Pergamenthandschrift des Kronstädter Gymnasiums. Ebenda XIII. 2.

1877. Denkrede auf Gustav Seiwert. Ebenda XIII. 3.

1878. Denkrede auf Joseph Fabini. Ebenda XIV. 2.

Ein Zug zum Lebensbild G. P. Binders. Ebenda XIV. 3.

1879. Über die Entstehung und Weiterentwickelung des Intervalls in der ev. Landeskirche A. B. Rede zur Eröffnung der auf den 8. Mai 1879 nach Hermannstadt einberufenen General-Synode.

Vorlage betreffend die Verwendung des Intervalls L.-K.-B. 1601, 1879.

An die hohe Landeskirchenversammlung L.-K.-B. 1871. 1879 (Beleuchtung der Denkschrift des Hermannstädter Kapitels: Die Intervallfrage).

Honterus in der 2. Auflage von Herzogs theologischer Realencyklopädie. Bd. VI.

1880. Denkrede auf Dr. Joseph Wächter. Vereins-Archiv XVI. 1.
1881. Siebenbürgische Studierende auf der Hochschule in Wien. II. Ebenda. XVI. 2.

Denkrede auf Samuel Schiel. Ebenda XVI. 3.

1883. Denkrede auf Carl Gooß und M. G. Schuller. Vereins-Archiv XVII. 2.

Zur Geschichte der Sachsen unter der Regierung Gabriel Bathoris. Ebenda XVII. 3.

Die Synodalverhandlungen der ev. Landeskirche A. B. in Siebenbürgen im Reformationsjahrhundert. Zur Feier des 400-jährigen Geburtstages von Dr. Martin Luther. Hermannstadt. (Das Buch bildet den 2. Teil des Urkundenbuchs der ev. Landeskirche.)

1884. Denkrede auf G. Fr. Marienburg. Ebenda XIX. 1.

Der Generaldechant der ev. sächsischen Kirche. Korrespondenzblatt. Nr. 3 und 4.

Denkrede auf Michael Fuß. Ebenda XIX. 3.

1885. Vorlage betreffend die neue Agende (darin eine Geschichte derselben) in den Verhandlungen der XII. Landeskirchenversammlung 1885.

Beiträge zu den „Synodalverhandlungen der ev. Landeskirche A. B. in Siebenbürgen im Reformationsjahrhundert." Im Statistischen Jahrbuch 1885.

1886. Rede zur Eröffnung der 38. Generalversammlung des Vereins für siebenbürgische Landeskunde (über Johann Seivert † 1785 und Christ. Schesäus † 1585). Ebenda XX. 2.

1887. Denkrede auf Fr. Fr. Fronius. Ebenda XXI. 1.

Denkrede auf Josef Haltrich. Ebenda XXI. 2.

1888. Über die Anfänge der siebenbürgisch-sächsischen Geschichtsschreibung. Ebenda XXI. 3.

1889. Rede zur Eröffnung der 41. Generalversammlung des Vereins für siebenbürgische Landeskunde. (Der Anteil Mühlbachs an der siebenbürgisch-sächsischen Geschichtsschreibung). Ebenda XXII. 1.

Zur Geschichte der Sachsen unter Gabriel Bathori. II. III. IV. Ebenda XXII. 2.

1890. Rede zur Eröffnung der 42. Generalversammlung des Vereins für siebenbürgische Landeskunde. (Zur Geschichte von Birthälm und Proben aus G. P. Binders Gedichten). Ebenda XXII. 3.

1891. Rede zur Eröffnung der 43. Generalversammlung des Vereins für siebenbürgische Landeskunde. (Die Sachsen unter Josef II.) Ebenda XXIII. 2.
1892. Rede zur Eröffnung der 44. Generalversammlung des Vereins für siebenbürgische Landeskunde. (Der Siebenbürger Landtag von Klausenburg von 1790/91.) Ebenda XXIV. 1.
1893. Rede zur Eröffnung der 45. Generalversammlung des Vereins für siebenbürgische Landeskunde. (Die litterarische Bewegung unter den Sachsen vor hundert Jahren.) Ebenda XXIV. 3.

Aus dem Nachlaß wurden herausgegeben:

Über die Notwendigkeit höherer Bildung unsers Volks. Rede bei der Rektorinstallation am 2. Januar 1861. Hermannstadt 1893.

Predigten und Reden. Leipzig, Breitkopf und Härtel. 1894.

Abriß der Geschichte Siebenbürgens II. 1526—1699. Vereins-Archiv XXVI. 1.